Alasdair MacFhearghais

1869 – 1947

Bàrd Chliuthair

A Bheatha agus A Bhàrdachd

*Na h-òrain le eachdraidh a bheatha
agus notaichean*

Deasaichte le
LACHLAINN MACAMHLAIDH

ADHARTAS NA HEARADH EARRANTA
HARRIS DEVELOPMENT LIMITED
2014

Air fhoillseachadh le
Adhartas Na Hearadh Earranta/Harris Development Limited
An t-Seann Sgoil, An Taobh Siar, An Tairbeart, Na Hearadh, HS3 3BG

An dealbhachadh agus an còmhdach le Rhona Nicleòid, Eilean Leòdhais
An dealbh air an aghaidh: Chris Whitelaw
Air a chlò-bhualadh le J Thomson Colour Printers, Glaschu

ISBN 978-0-9928967-0-6

Clàr - innse

~

Na h-Òrain

Buidheachas

~

Thug An t-Ollamh Dòmhnall Eachann Meek, a bha os cionn Roinn na Ceiltise aig Oil-thigh Obar Dheathain, brosnachadh mòr dhomh an uair a thòisich mi a' dèanamh an rannsachaidh seo air sgàth tràchdas a bha mi gu cabhagach a' feuchainn ri dheasachadh. An uair a dh'innis mi dha mar a bha nam bheachd, thug e dhomh gach cuideachadh agus stiùireadh a ghabhadh dèanamh agus tha mi an dòchas gun do dhrùidh pàirt dheth co-dhiù air m' eanchainn. Chomhairlich e mi mar a b' fheàrr a dhol an sàs anns an t-seòrsa cruinneachaidh agus rannsachaidh a bha romham. Fhuair mi na bhuilich an t-Ollamh Dòmhnall Meek orm na chuideachadh anabarrach mar a chaidh mi air adhart. Tha mi fada na chomain.

Raonaid NicLeòid (a' Bhìodag), a tha fhathast a' fuireach air a' chroit air an robh Am Bàrd aig aon uair. B' i a seanmhair, air an robh Raonaid mar ainm cuideachd, tè de pheathraichean A' Bhàird. Thug Raonaid dhomh sgealb mhath de dh'eachdraidh beatha Alasdair ach tha faclan nan òran air a dhol air dhìochuimn' oirre, mar a tha air a' mhòr-chuid aig an robh pàirt dhuibh aig aon àm. Co-dhiù, bha teipichean ann air an robh i a' seinn nan òran. Nochd Raonaid air a' phrògram telebhisein *"Bàird nan Òran"* a dh'fhoillsich bàrdachd agus beatha A' Bhàird agus gu dearbh chòrd na chuir i ris ri daoine. Ged a chaidh Raonaid a thogail is àrach ann an dlùth chàirdeas ri Alasdair, cha do ghabh e riamh oirre ach Raonaid, a' seachnadh *"A' Bhìodag"* mar a bha aig càch oirre; an dearbh ainm a chanas muinntir na sgìre rithe chun an latha an-diugh. Tha iomadh stòiridh èibhinn agus inntinneach aig Raonaid ri aithris mun Bhàrd, an t-ainm a chleachdas i uair sam bith a tha i a' bruidhinn mu dheidhinn. Sen mar a bha i fhèin agus càch ga fhaicinn agus bha an ìomhaigh a bh' aca air ga bhrosnachadh gu mòr.

On a bha mi a' bruidhinn air a' phrògram telebhisein, gu cinnteach chan fheumar dìochuimhn' a dhèanamh air an Dotair Fionnlagh MacLeòid, Mac TV agus an criutha aige. 'S e brosnachnadh mòr a bh'ann gum faca Fionnlagh còir iomchaidh àite a thoirt do Bhàrd Chliuthair air an t-sreath de phrògraman *"Bàird nan Òran"* a bha iad a' deasachadh airson telebhisean. Tha sen fhèin a' sealltainn gun robh inbhe Alasdair airidh air urram a chosnadh am measg bhàrd chomasach eile. Tha mi fada an comain Fhionnlaigh agus an criutha aige. Bha e sgoinneil obrachadh còmhla riutha air a' phrògram agus bha latha sona, soirbheachail againn aig Àird a' Mhùlaidh.

Ruairidh Eòghainn (Roderick MacDonald) à Cliuthar, nach eil maireann agus aig an robh a' chuid bu motha dheth na h-òrain aig aon àm ach bha cuid aca a' teannadh ri dhol air dhìochuimhn' air fhèin mus do ghluais sinn airson an sgrìobhadh sìos. Dh'ionnsaich Ruairidh na h-òrain agus na fuinn bhon A' Bhàrd fhèin oir bha e a' fuireach an ath dhoras ris. Chlàr mi Ruairidh iomadh uair gan seinn air teipichean. Bha seinn Ruairidh a' cur blas seann-nòsach, talmhaidh, sònraichte orra agus carson nach cuireadh; fhuair e iad bhon fhear a rinn agus agus a chuir ri fuinn iad. Bhiodh Ruairidh a' ràdh an còmhnaidh: *"mur a bheil tuigse an òrain agad chan eil e gu feum sam bith!"* Is e a bha ceart agus tha an diofar ri fhaicinn far a bheil seinneadair a' seinn òran nach eil e/i a' tuigsinn agus seinneadair eile a tha a' tuigsinn cainnt a' bhàird.

Dòmhnall Iain Dòmhnallach, ("*Dòmhnall Shàim*" mar a theirear ris) à Horgabost aig a bheil cuid dhe na h-òrain agus eòlas math air eachdraidh beatha A' Bhàird. Tha e math èisteachd ri Dòmhnall an còmhnaidh oir tha e cho fiosraichte mu dheidhinn eachdraidh agus bàrdachd, dà chuspair anns a bheil ùidh mhòr aige agus a bharrachd air a sen gabhaidh e deagh òran cuideachd.

Mòrag Rothach (NicLeòid mus do phòs i) a thàinig bho thùs à Collam, an ath bhaile ri Cliuthar. Ged a tha i ro òg airson eòlas pearsanta a bhith aice air A' Bhàrd, chuala i gu leòr mu dheidhinn bho a pàrantan aig an robh mion-eòlas air. Bha Mòrag gu ìre mhòr an urra ris a' chruinneachadh airgid a chaidh a dhèanamh aig an àm a chaidh an leac-uaghach a chur air uaigh A' Bhàird anns a' bhliadhna naodh ceud deug ceithir fichead agus ochd (1988). Ga cuideachadh anns an iomairt seo bha Niall Camshron MacFhionghain agus Catrìona Mhoireasdan. Bha Mòrag glè dhealasach gun deidheadh rudeigin a dhèanamh mu dheidhinn na bàrdachd fhaighinn an an clò agus tha mi gu h-àraidh deònach gun tachair sen. Bha am beachd Mòraig fhèin agus Chaluim, bràthair Raonaid (A' Bhìodag), gum faigheadh iad na h-òrain a sgrìobhadh sìos ach gu mì-fhortanach chaochail Calum mus d' fhuair iad sen a dhèanamh.

Thug Calum Iain MacAoidh, a tha os cionn Rionn na Gàidhlige ann an sgoil an Tairbeart (Sir Edward Scott School) gach cuideachadh a bha na chomas dhomh a thaobh òrain a chaidh fhaighinn bho theipichean agus seòladh a thoirt air cò eile aig an robh stuth a bhitheadh feumail. 'S ann ris fhèin agus ri Mòrag Rothach a bhruidhinn mise an toiseach an uair a chaidh mi an sàs anns an a chruinneachadh seo agus gun fhios agam aig an àm gu ruigeadh e an ìre seo.

Chuidich Ruairidh Aonghas Rothach (mac Mòraig Rothach) mi le dealbhan A' Bhàird. Bha Ruairidh mar fhear-criutha aig Mac TV an uair a chaidh am prògram *"Bàird nan Òran"* a dhèanamh. Tha e a-nis na fhear-naidheachd aig BBC Alba.

Panaidh MacLeòid, mac Dhòmhnaill Aonghais nach maireann às An Sgrot, a tha fuireach còmhla ri bhean Seasag, nighean Ruairidh Eòghainn, agus an teaghlach aca air a' chroit ann an Cliuthar. 'S e athair Phanaidh, nach maireann, fear dhen fheadhainn aig an robh a' chuid bu mhotha de na h-òrain air a theangaidh agus sen a dh'fhàg Panaidh le cuibhreann mhath dhuibh fhathast. Bha Panaidh ag innse dhomh nach robh athair idir toilichte an uair a chluinneadh e daoine a' seinn nan òran agus na faclan ceàrr aca. Tha Panaidh air cuideachadh anabarrach a thoirt dhomhsa anns an rannsachadh seo. Feumaidh mi a' ràdh gun tug e dhomh òrain agus sgealban de fheadhainn eile nach cuala mi riamh roimhe. Tha Seasag fhèin gu math fiosraichte mu dheidhinn beatha agus bàrdachd Bàrd Chliuthair agus bha i na cuideachadh mòr. Tha mi fada an comain na càraid choibhneil seo.

Ruairidh MacFhionghain, mac Aonghais Mhòir aig an robh Oifis a' Phuist ann an Caolas Stocainis. Chuir Ruairidh seachad a bheatha na mhaighstir-sgoile anns A' Chorpaich agus anns A' Mhanachainn mus do leig e seachad a dhreuchd. Tha mi a' toirt a-steach an tabhartas aigesan aig an deireadh mar eàrr-ràdh. Gu mì-fhortanach chan eil Ruairidh maireann ach tha e math gu bheil a bheachd againn an seo agus tha mi toilichte gun tug e dhomh cead dèanamh leis an sgrìobhadh aige mar a thograinn.

Iain Dòmhnallach, à Tolastadh bho Thuath, Leòdhas, a-nis a' fuireach ann an Inbhir Narann, a tha air leth ealanta ann an obair coimpiutaireachd agus a thug dhomh cuideachadh agus comhairle a thaobh dèiligidh ri rudan mar a' toirt dhealbhan bho chlàran agus eile. Tha leithid Iain gu math feumail agus mo dheagh bheannachd aige.

Alison NicDhòmhnaill à Caladair a thug dhomh cuideachadh mòr ann an iomadh dòigh an uair a bhithinn nam bhreislich le teipichean 's a leithid eile. Bha i na cuideachadh anabarrach an uair a bhitheadh dragh ann le cùisean a' dol ceàrr le innleachdan coimpiutaireachd agus rudan eile a bha a' toirt tàire dhomh aig amannan. Tha mi fada na comain ann an iomadh dòigh.

Tha mi fada an comain Seonag Chuimeanach aig Adhartas Na Hearadh Earranta airson na spàirn mhòr a rinn i le cuideachadh ann an iomadh dòigh airson seo fhaighinn chun an fheadhainn a rinn an dealbhachadh agus an clo-bhualadh aig àm a bha gu leòr eile aice fhèin ri dhèanamh. A thaobh seo chan fheumar dìochuimhn' a dhèanamh air na buidhnean fialaidh a chuidich le cosgaisean an leabhair seo. Rinn Rhona NicLeòid obair luachmhor le dealbhachadh agus còmhdach an leabhair. Mo dheagh bheannachd aice airson gach cuideachadh eile a thaobh na h-obrach seo. Tha iad uile an airidh air mòran taing.

Tha mòran eile ann ris an do bhruidhinn mi mun chuspair nach eil air an ainmeachadh an seo idir ach a dh'aindeoin sin tha mi fada nan comain cuideachd. Nan robh mise a' dol a dh'ainmeachadh gach duine ris an do bhruidhinn mi mun chuspair dh'fheumainn leabhar air leth, rudeigin coltach ris an leabhar fòn ionadail aig Na Hearadh, airson taing a thoirt dhaibh uile.

Lachlainn MacAmhlaidh

Ro-ràdh

~

An uair a thòisich mise a' dèanamh a' chruinneachaidh seo de bhàrd-achd Bàrd Chliuthair gu mi-fhortanach cha robh an ùine agam bu mhath leam anns na Hearadh ged a chaidh mi ann iomadh uair. Bha mi gu cabhagach a' cur tràchdas ri chèile aig Oil-thigh Obar Dheathain aig an àm agus cha robh mi a' coimhead airson ach na dh'fhòghnadh gus an dleastanas sin a thoirt gu buil. Thug sen dhomh brosnachadh tuilleadh rannsachaidh a dhèanamh airson greim fhaighinn air na b' urrainn dhomh dhen bhàrdachd bhrìoghmhor a bha fios agam a rinn Am Bàrd, ged a bha mi a' tuigsinn gun robh pàirt mhòr dhith air a dhol air chall mar-thà. Bha daoine adhartach eile glè dhealasach gum bu chòir oidhirp a dhèanamh gus a' bhàrdachd fhaighinn ann an clò agus bhruidhinn iad mu dheidhinn sin a dhèanamh roimhe ged a chaidh a chur dheth an uair sin. Mar sin bha mi a' coimhead air an obair tràchdais mar thoiseach tòiseachaidh. Lean mi orm agus a chionn 's nach robh mi a' fuireach anns Na Hearadh ach seachdain an-dràsta 's a-rithist thar nam bliadhnachan cha robh e farasta adhartas cudromach a dhèanamh. Tha mi air ùine mhòr a chur seachad an sàs anns an obair seo a-nis agus tha a t-àm air tighinn gu feumar stad agus na th'ann fhaighinn ann an clò. 'S e an gnothach as truaighe buileach a' mheud 's a chaidh air chall dhe na h-òrain uile gu lèir agus gun dòchas ann gu faigh sinn air ais iad a-nis. Gidheadh, tha mi an dòchas gun toir a' chuibhreann air an d'fhuair mi grèim eòlas math dhuibh air a' ghnè bàrdachd a rinn e agus dha-rìribh co sàr-chomasach 's a bha e. Len cur sìos mar seo tha mi den bheachd gu bheil mi gu ìre gan sàbhaladh. Mura tèid an cur air pàipear no an tasgadh ann an dòigh èifeachdachd eile, ann an ùine ghoirid bidh iad uile air chall; sin dìreach cho mionaideach agus tha a' chùis.

Dh'fheuch mi ri na fhuair mi a sgrìobhadh mar a b' fheàrr a b' urrainn dhomh ann an Gàidhlig ghnàth-chainnteach A' Bhàird a bha a' ruith cho siùbhlach, rannach. Tha dualchainnt na Hearadh a' tighinn am bàrr gu làidir. Chan eil na h-òrain air an cur ann an rian sam bith a rèir cuin a chaidh an dèanamh ach tha a' chuid mhòr de na cuspairean agus am fiosrachadh a tha am broinn cuid aca a' toirt dhuinn comharrachadh air na cùisean sin ann an iomadh dòigh, ged nach eil buileach.

Tha notaichean agus faclair air leth aig deireadh gach òrain. Smaoinich mi gum bitheadh seo feumail do leughadair a tha ag ionnsachadh na Gàidhlig. Leothasan tha mi a' dèanamh oidhirp air beagan de mhìneachadh a thoirt air faclan annasach, gu h-àraidh rudan a tha a' buntainn ri dualchainnt Na Hearadh. Tha iad air an comharrachadh ann an rian àireamhach aig deireadh gach òrain. Aig an aon àm tha mi ag amas air eachdraidh agus cultar an àite a ghleidheadh le bhith a' dèanamh seòrsa de bhreithneachadh air suidheachaidhean agus tachartasan sònraichte a nochdas ann an cuid dheth na h-òrain. Bha mi a' feuchainn ri eachdraidh nan òran fhèin fhaighinn, dè a ghluais macmeanmna A' Bhàird agus ciamar a dhèilig e ris. Shaoil mi gum bitheadh e feumail do chuid nan toirinn fiosrachadh, ma tha e nam chomas, air daoine a tha air an ainmeachadh anns na h-òrain agus eadhon anns an sgrìobhadh air fad.

Tha mi fada an comain nan daoine còir a thug cuideachadh dhomh an uair a bha mi a' deasachadh na h-obrach seo. Chan eil mise a' ràdh gu bheil na h-òrain dìreach facal air an fhacal mar a rinn Am Bàrd iad agus tha mi an dòchas nach biodh dùil ann gum bitheadh aig an ìre seo. Mar a thachras ann a leithid seo de shuidheachadh co-dhiù, tha na h-òrain a' faighinn toinneamh agus atharraichean le bhith a' dol bho neach gu neach ann an modh beul-aithriseach thar nam bliadhnachan. Tha amharas agam gun do thachair seo gu bitheanta anns an eisimpleir seo a th' againn air fhàgail dhen bhàrdachd lìon-mhor a rinn Bàrd Chliuthair. Feumar a thuigsinn gu bheil trì fichead bliadhna agus a seachd ann (1947) bhon a chaochail c agus 's e ùine fhada a th' ann ma tha e an urra ri beul-aithris, bàrdachd no rud sam bith a chumail ann an cuimhne dhaoine. Tha beul-aithris prìseil thar thomhais ach tha cinnt ann gu mair na rudan a tha air an sgrìobhadh sìos nas fhaide.

Fhuair mi gach cuideachadh a bha an comas nan daoine còir a thug dhomh fiosrachadh mu thimcheall bàrdachd agus beatha A' Bhàird agus feadhainn a chuidich ann an dòighean eile. Rinn iad an dìcheall agus cha ghabh nas motha na sen iarraidh orra. Mur a b' e iad càite am bithinn? Tha mi dha-rìribh fada fada nan comain.

Eachdraidh a Bheatha agus a Bhàrdachd

~

Rugadh Alasdair MacFhearghais (Alexander Ferguson) ann am baile beag Chliuthar anns a' cheàrn de na Hearadh ris an canar Na Bàigh anns a' bhliadhna ochd ceud deug trì fichead agus a naodh (1869) agus chaochail e an sin anns a' bhliadhna naodh ceud deug dà fhichead 's a seachd (1947) aig aois trì fichead bliadhna agus ochd deug. 'S e *"Bàrd Chliuthair"* a theireadh a h-uile duine ris agus gu dearbh chaidh ainm fad is farsaing. Tha e air adhlacadh ann an Cladh Losgaintir air taobh siar Na Hearadh. A rèir beul-aithris 's ann à Hiort a thàinig a shinnsirean air taobh athar agus gun teagamh tha fios againn gun robh muinntir den chinneadh sen a' fuireach agus ag àiteachadh air an eilean iomallach ud aig aon àm.

Co dhiù, b' e athair Iain mac Alasdair MhicFhearghais a thàinig còmhla ri bhràthair, Dòmhnall Mòr, à Strùparsaig anns Na Bàigh chun a' chroit ann an Cliuthar far an do rugadh Am Bàrd agus anns do dh'fhuirich e fad a bheatha. Chaidh a sheanair, Alasdair MacFhearghais, fhuadach às a' Mhachaire far an robh e an toiseach gu Strùparsaig aig an àm a chaidh na croitean a bhristeadh suas le òrdan bhon uachdaran agus chaidh na daoine a sgapadh an siud 's an seo airson àite rèidh ullachadh gu cur-seachadan nan uaislean a shàsachadh, le sealg fhèidh is chearcan-fraoich mar a thogradh iad.

Bha an dearbh lèirsgrios seo a' dol air adhart air feadh na Gàidhealtachd air fad aig an àm.

B' i màthair A' Bhàird Oighrig nighean Iomhair 'Ic Fhionghain à Leac-a-Lì, baile beag eile anns Na Bàigh nach eil ach beagan is mìle bho Chliuthar. Bha seachdnar san teaghlach aca, dithis ghillean agus còignear nighean. B' e Am Bàrd a b' òige de na mic agus chì sinn iomradh air a bhràthair anns an òran *"Cogadh Africa"* (*"Boer War"*) anns an deachaidh a mharbhadh goirid an dèidh dha ruigheachd thall.

Ged a bha an teaghlach mòr an àireamh bha cùisean a' dol cho math 's a ghabhadh leotha aig an toiseach gus an do bhuail suidheachadh brònach iad. Tha e duilich aithris gun do chaochail an dithis phàrantan an uair a bha an teaghlach glè òg agus bha iad air am fàgail ann an cruaidh-chàs; nan dilleachdain agus iad gun duine a bheireadh cofhurtachd no stùireadh dhaibh ach na bha an comas nàbaidhean a thabhairt orra. Feumar a thuigsinn nach robh maoin no stòras mòr sam bith aig daoine anns na ceàrnan sin aig an àm. Mar sin bha e doirbh mòran cuideachaidh fhaighinn bho chàch agus cha bhitheadh e ceàrr a ràdh gun do thog iad iad fhèin. 'S ann a thaobh sin a thug iad *"Màiri Anna na Cloinne"* air an tè a b' òige dhiubh oir 's ann oirrse a thàinig an t-eallach trom, cùram an taighe agus gu ìre mhòr a' seallainn ris an teaghlach a ghabhail os làimh mar a bha iad ag èirigh suas.

A chionn 's gun robh Am Bàrd òg an uair a chaochail a phàrantan, chuala mi bho fhear a bha càirdeach dha nach d' fhuair e fhèin a-mach riamh co bhuaidhe a thug e tàlant na bàrdachd, ma tha leithid a rud ann 's gu bheil bàrdachd ginteil. Cluinnidh sinn an seanfhacal glè thric *"tha e anns na daoine"* ach a bheil seo fìor a thaobh bàrdachd? Cò aige tha fios? Bha Calum MacLeòid, nach maireann, bràthair Raoinid

(A' Bhìodag) den bheachd gun d' fhuair e sin bho thaobh athar oir cha robh lorg sam bith air bàrdachd aig an teaghlach air taobh a mhàthar. Ged nach robh sgeul air bàrdachd air an dà thaobh roimhe, tha fhios againn le cinnt gu robh tàlant neo-àbhaisteach nach do chaomhain e aig Alasdair fhèin.

Tha e mì-fhortanach nach eil mòran maireann aig an robh eòlas math air A' Bhàrd agus mar sin tha e doirbh san là an-diugh grèim fhaighinn air eachdraidh a bheatha gu lèir agus gu h-àraidh air a' bhàrdachd a rinn e. Nuair a bha mise a' dèanamh an rannsachaidh seo, bhruidhinn mi ri cuid de chàirdean Alasdair agus ri feadhainn eile aig an robh eòlas air ach, ged a fhuair mi gach cuideachadh a bha nan comas, bha e follaiseach gun robh pàirt mhòr den bhàrdachd air a dhol air dhìochuimhn' orra uile gu lèir no pàirt de na rannan ann an òrain air a dhol air chall. Cha deachaidh na h-òrain aige a sgrìobhadh sìos riamh agus tha seo fhèin na h- eisimpleir gu math soilleir air a' chunnart a th'ann cus earbsa a chur ann am beul-aithris. Tha mise an còmhnaidh a' comhairleachadh dhaoine eile bàrdachd coimhearsnachd agus rud sam bith a tha bualadh air cultar agus eachdraidh na sgìre aca a sgrìobhadh sìos ach tha mi cheart cho ciontach ri càch le nach do rinn mi oidhirp air gu ruige seo fhèin. Tha mi beò an dòchas gun ruig each mall muileann uaireigin.

Ann a bhith a' dèanamh oidhirp air a' chuspair seo a thoirt gu seòrsa de dh'ìre iomchaidh agus pàirt de na beàrnan a bha a' nochdadh a lìonadh thug mi sgealb no dhà às an eòlas a thàinig gu m' aire fhèin nam òigear ann am baile beag Ghreòsabhaigh a tha an ath-dhoras ri Cliuthar. Chuala mi na h-òrain agus na laoidhean a rinn "Am Bàrd", mar a b' fheàrr a b' aithne do dhaoine e, air an seinn iomadh uair agus thog mi na faclan agus na fuinn aig cuid aca a bha annasach dhomh.

A bharrachd air a sin chuala mi mo luchd-dàimh agus feadhainn eile a' deasbaireachd mu dheidhinn na bàrdachd aige bho àm gu àm. Anns an dòigh sin tha mi an dòchas nach eil mi buileach aineolach a thaobh nan adhbhair a ghluais e gu òrain de gach seòrsa a dhèanamh. Tha e ri fhaicinn chun an là an-diugh gur iad na h-òrain a bha eirmseach agus anns an robh sogan math a mhair na b' fheàrr ann an inntinnean dhaoine agus 's cinnteach gur ann mar sin a bhios cùisean co-dhiù a thaobh bàrdachd eile agus mar a thèid cuid a ghleidheadh seach cuid eile nach eil cho tarraingeach. Tha cinnt ann nach mair iad mur a bheil iad air an sgrìobhadh sìos no air an tasgadh ann am modh tèarainteachd air choreigin.

A rèir mar a chuala mi rinn e a' chiad òran no rannan an uair bha e còig bliadhna a dh'aois agus b' i a mhàthair am ball-àbhachd a thagh e, rud nach tug toileachas-inntinn ro mhòr dhi idir agus gu dearbh nach do chòrd rithe oir sgiùrs i e. Ged a dh'innis e fhèin mun tachartas iomadh uair cha d' fhuair duine a-mach riamh dè a thuirt e air leisgeul nach robh cuimhne aige air. Bhon àm sin air adhart, bha e a' dèanamh rannan agus òrain dìreach gu deireadh a latha; eadhon am pìos bàrdachd deireannach a rinn e agus a tha sgrìobhte air leac-chinn na h-uaghach aige. Bha Raonaid, (A'Bhìodag), ogha a pheathar, agus Ruairidh Ailig Thòmais (MacFhionghain)) à Mol nam Faobhag nan suidhe còmhla ris aig a teine aon oidhche mar a b' àbhaist agus ghabh e dhaibh an rann a bha e air a dhèanamh. Seo e:

Fhir a leughas aig mo cheann
Thug Dia mi leis nuair thàinig m' àm
Ach cuimhnich gum bi thusa mar seo
A dh'aindeoin uaill no neart no moit.

Mur faigh thu Chrìosd dha d' anam fhèin
'S tu neach as truaighe bhios fon ghrèin.
Bi Sàtan a' tighinn riutsa dlùth
Gad tharraing sìos dhan t-sloc gun ghrunnd,
Far nach dèan an teine cnàmh,
Cuir d' earbsa an Dia mus tig am bàs.

Tha an earrainn ud snaighte air an lic-uaghach a chuir muinntir Na Hearadh air an uaigh aige ann an Cladh Losgaintir. 'S e smaointean ionmholta a bh' ann gum faca muinntir an àite iomchaidh an t-urram seo a bhuileachadh air. Tha e a' sealltainn cho measail 's a bha iad air agus gu robh iad a' faicinn an inbhe agus an cliù a choisinn e mar bhàrd; gun teagamh sam bith bha e ainmeil fad is farsaing. Feumaidh mise aideachadh nach tug mi fa-near gus an deachaidh mi an sàs anns an rannsachadh seo cho brìoghmhor 's cho ealanta 's a bha bàrdachd Alasdair agus tha a' chùis a' toirt na ceist thugam ach am bitheadh mo bharail air a meudachadh nan robh barrachd dhith an làthair. Tha mi cinnteach gum bitheadh!

Dh'fhàs Alasdair suas ann an coimhearsnachd chroitearan agus iasgairean agus 's ann dhan iasgach a thug e taobh bho òige. Tha an claonadh sin a' tighinn an uachdar gu follaiseach anns a bhàrdachd aige ann an caochladh shuidheachaidhean. Tha e a' toirt tuairisgeul air an sgìre anns an òran *Cogadh Afraga*", far a bheil e a' caoidh mar a tha e air fhalbh bho dhùthaich àraich, 's e fosgladh le guth a' chianalais bhon dùthaich chèin:

Ochoin o rì
Gur a mi tha muladach

Nach robh mi thall
Anns a' ghleann 's do rugadh mi
Ged 's creagach cruaidh e
Cha d' fhuaireas urram dha
An tìr an fhraoich
Tha na laoich a' fuireach ann.

Bhiodh e doirbh a chreidsinn gu robh àite eile air an t-saoghal cho creagach cruaidh ri Cliuthar! Am bitheadh? Ach a dh'aindeoin sin bha agus tha e bòidheach, prìseil mar a bha esan ga fhaicinn.Tha eòlas math agam air Cliuthar agus air a' bhad far an robh e a' fuireach agus mar sin tha e soirbh dhomh a thuigsinn cò air a tha e a' bruidhinn. Bha e daonnan moiteil agus gu ìre àrdanach aig amannan mu dheidhinn na dùthcha anns an deachaidh a thogail is àrach.

'S e glè bheag de sgoilearachd a fhuair e oir cha robh an cothrom ann dha mar nach robh aig a leithid eile aig an àm. Chaidh e do sgoil Chaolas Stocanais agus tha mi cinnteach gun do dh'fhàg e a bhun-sgoil sin aig aois ceithear bliadhna deug aig a' char a b' fhaide, gun chàil roimhe ach aghaidh a chur ris an t-saoghal mhòr fharsaing agus deasachadh gus cosnadh a dhèanamh. Dh'fheumadh e an t-iasgach ionnsachadh gu h-ionadail mus smaointicheadh e air aghaidh a chur na b' fhaide air falbh; an uair a ruigeadh e aois a bha e ceadaichte dha sen a dhèanamh. A dh'aindeoin an duilgheadas a bha ann an sgoiltean an uair sin, seach àraidh anns na h-Eileanan an Iar, dh'ionnsaich Alasdair Beurla a leughadh, a sgrìobhadh agus cunntas mar bu chòir. Chaidh innse dhomh gun robh e gu h-àraidh dèidheil air cruinn-eòlas agus eachdraidh eadhon na inbheach. B' iad cuspairean a thogadh deasbad agus cnuasachd mar bu trice agus chòrdadh sin ri Alasdair.

B' urrainn dha Gàidhlig a leughadh ach cha deachaidh sen ionn-sachadh dha anns an sgoil oir cha robh an cothrom aca a faighinn mar chuspair aig an àm. Tha mi den bheachd gun do dh'ionnsaich an fheadhainn a bha comasach air a' Ghàidhlig a leughadh sin a dhèanamh leis a' Bhìoball anns an dachaigh no anns an Sgoil Shàbaid. Bha e na phàirt dhen ionnsachadh aca nach d' fhuair iad anns an sgoil co-dhiù. Mar a chuala mi aig daoine a bha anns an sgoil o chionn fhada agus 's e a chuala mi cuideachd bhom phàrantan fhèin gun robh cuid de thidsearan a' dèanamh an dìcheall airson cur às don Ghàidhlig. Cha b' ann a-mhàin anns na h-eileanan a bha sin a' tachairt ach air feadh na Gàidhealtachd air fad. Fhuair mise stòiridhean o chionn fhada bho dhaoine a bha fuireach ann an àiteachan mar Ceann a' Ghiùth-saich, An Aghaidh Mhòr, An Gearasdan, Obraitheachan (Abriachan) agus iomadh ceàrn eile a chuala iad aig an sinnsirean mu dheidhinn sgoiltean anns an robh a' Ghàidhlig toirmisgte, eadhon a-muigh air an raoin-cluiche. Bha cuid thidsearan cho dealasach mu dheidhinn bacadh a chur air a' Ghàidhlig 's gun robh iad a' toirt làmhachas-làidir air a' chloinn ann an dòighean do-chreidsinneach.

Bha comhairle agus rabhadh air a sgaoileadh, am measg na h-òigridh gu h-àraidh, gum bu chòir Gàidhlig a chur an dàrna taobh agus dlùth-aire a thoirt don Bheurla ma bha iad an dùil adhartas a dhèanamh anns an t-saoghal fharsaing a bha rompa agus obair bhrìgheil fhaighinn an uair a ruigeadh iad tìr-mòr. Thòisich a bheachd-smaoin seo aig an àm a bha daoine a' gluasad gu tìr-mòr agus a' faighinn obair no a' seatlaigeadh ann fad am beatha. Bha a' mhòr-chuid a' dèanamh air Glaschu, baile a bha a' fosgladh dhorsan ùra dhaibh. Seo rud ris an canadh eòlaichean no sgoilearan *"putadh agus tarraing"* (*"push and pull"*). Bha iad air am putadh leis an fheadhainn a bha a' toirt comhairle orra aig an taigh iad a dh'fhalbh agus air an tarraing le na chunnaic is na chuala iad bho fheadhainn eile a bha a' dèanamh math dhaibh pèin air falbh. Bha an aon chleas aig an fheadhainn a bha feuchainn ri daoine a thàladh gu dùthchannan mar Canada, Astràilia agus iomadh àite cèin eile. Cha leig mise leas a dhol nas fhaide na chuala is na chunnaic mi fhèin a' tachairt a thaobh an dearbh chuspair. Cha do thuig mi buileach aig an àm carson a bha iad a' sparradh nam beachdan orra ach cha robh mi fada gus an tug mi fa-near gu robh dà thaobh ris a' chùis. Bha daoine a' fàgail nan eileanan a chionn 's gu feumadh iad airson beòshlaint a shireadh. Seach àraidh far an robh teaghlaichean mòr, cha robh na croitean a' dol a thoirt beòshlaint chofhurtail dhaibh. Sen far an lorg sinn pàirt de fhreagairt na ceiste ach carson nach eil a' Ghàidhlig mar a bha i.

A-rithist, a rèir beul-aithris bha e a' dèanamh dhuanagan an uair a bha e anns an sgoil ach chan eil lorg aig duine orra an-diugh. Sin an rud a thaobh bàrdachd a tha na chulaidh-ghearain dhuinn, chan ann a-mhàin mar a tha an call ri fhaicinn cho follaiseach anns an eisimpleir seo fhèin, ach gu bheil e a' tachairt le gach linn a tha a' dol seachad. Feumar oidhirp air choreigin a dhèanamh airson casg a chur air an t-suidheachadh mar a dh'ainmich mi mar-thà agus barrachd tasgaidh a dhèanamh air eachdraidh ar bàrdachd, cultair agus dual-chais.

Ged nach robh e ach glè òg an uair a dh'fhàg e an sgoil cha b' fhada gus an robh e an sàs anns an iasgach agus ged a b' e cnapairneach de ghille easgaidh, tapaidh a bh' ann, bha an obair cunnartach agus spàirneil. Bha a' mhòr-chuid de na bàtaichean fhathast fo sheòl agus 's ann air tè dhiubh seo, air an robh an t-ainm *"Advance"*, a thòisich e ri iasgach agus rinn e òran dhi air am bruidhinn mi a-rithist. Lean e ris an iasgach a thug e chun A' Chosta an Ear agus gu gach port-iasgaich eile a bha air feadh na Gàidhealtachd air fad. Aig an aon àm bha e ag àiteachadh a' chroit ann an co-ghabhaltas ri bhràthair Iomhar a bha na bu shine na e. Chì sinn leis a sin nach b' e caitheamh-beatha shocair a bha an dàn dha.

Chan fheumar an dà bhliadhna a chuir e seachad an sàs ri cogadh ann an Afraga a chur air chùl, sen an dara pàirt den chòmhstri a bha a' dol air adhart thall anns an dùthaich chèin sin eadar naodh ceud deug agus naodh ceud deug agus a dhà (1900 -1902). Fhuair e dà bhonn airson a sheirbheis anns an aimhreit seo, *"Cogadh Afraga"* *("Boer War")* mar a chanadh daoine ris.Tha an dà bhonn air an cumail gu prìseil aig Raonaid (A' Bhìodag), ogha a pheathar, a tha fuireach ann an Cliuthar fhathast. A bharrachd air an triall chruaidh-chàsach ann an Afraga agus na h-amannan a bha e air falbh ris an iasgach, chuir e seachad a shaoghal ann an Cliuthar.

Cha do phòs Am Bàrd idir. Cha do rinn e òrain gaoil cho fad 's a tha fios againn. Aon latha thug e sùil air fhèin anns an sgàthan agus anns a' bhad chuir e an rann seo ri chèile:

> Rinn an òige mise fhàgail,
> Is thàinig an aois,
> Thug i m' fhalt as mo chlaigeann,
> Is gheal i mo mhaoil.
> M' aodann air preasadh.
> Na chuis-eagail aig daoin'
> 'S thèid na caileagan seachad,
> 'S car nan amhaich rim thaobh.

Bha an rann ud còmhla ri tri rannan eile air seann teip nach robh mi air a chluinntinn roimhe agus cha mhòr nach eil e facal air an fhacal mar a chuala mi an toiseach e aig Raoinid NicLeòid (A' Bhìodag) ach cha robh aice ach an aon rann. Tha e glè fhollaiseach a-nis gun robh na ceithir rannan mar phàirt dhen aon òran. Mar sin tha mi gan cur cruinn còmhla aig aireamh 22 air clàr-innse nan òran fon tiotal *"Òran Fèin-agartais"*. Seo modh anns nach robh e a' tairgse leisgeulan sam bith. Ma bha e ceàrr dh'aidicheadh e sin glè luath agus bha e fosgarra mu dheidhinn chùisean ged a bhitheadh iad na aghaidh fhèin.

Mar a chì sinn anns a' chiad rann ud bha e cruaidh air fhèin agus tha e follaiseach nach robh e den bheachd gun robh e tarraingeach do na caileagan idir. Mar a chaidh innse dhomh, bha fathann ann gun robh leannan dìomhair aige agus gum bitheadh e a' gabhail car mu chnoc an uair a bha e a' dol a choimhead oirre. Tha mi glè chinnteach gur e a dh'fheumadh innleachd air choreigin airson cumail am falach bho shùilean fharraideach chailleachan Chliuthair. Bhiodh an trèanadh a fhuair e anns an arm gu math feumail dha an uair a dh'fheumadh e faighinn tarsainn air leacan corrach Chliuthair anns an dorchadas airson sùil a thoirt air eudail. 'S iomadh gàbhadh is cunnart anns a deachaidh gillean òga sùnndach air tòir chaileagan ach tha mise glè chinnteach nach fàilligeadh Alasdair na shiubhal.

'S e duine mòr calma a bh' ann agus a rèir mar a chuala mi bha nàdur do dh'fhiamh aig cuid roimhe, oir mar a thuirt aon neach: *"bha e ann an dòigh a' coimhead iargalta"*. Bha sin glè fhada bhon fhìrinn oir, mar a fhuair mise teisteanas air bhon mhuinntir a bha dlùth ris, 's e fìor dhuine còir, subhach a bh' ann; ged a bha taobh eile anns an nadar aige. Bha sradag na ghiùlan aig amannan cuideachd agus bhitheadh e trom-inntinneach an-dràsta 's a-rithhist, gu h-àraidh an uair a thòisich an aois a' laighe air.

Bha Raonaid (A' Bhìodag) ag innse dhomh, gun robh e glè chùram-
ach mu dheidhinn dè an seòrsa bhrògan agus aodach a chuireadh e
air. Cha bu toigh leis idir bòtannan no brògan trom mar an fheadhainn
thacaideach. Bha e a' cumail a-mach gun robh iad ro chearbach anns
a' bhàta agus gu dearbh bha seo na dhragh dha an uair a thòisich e a'
fàs cliobach air a chasan, rud a bha ga fhàgail mì-thoilichte. B' fheàrr
leis brogan aotrom, ach dh'fheumadh iad a bhith freagarrach airson
obair bàta. Mar bu trice, bha e air èideadh mar iasgair no seòladair
le ceap bileach dubh agus geansaidh tiugh, briogais throm dhen aon
dath le pocaidean mòr oirre. Cha robh aige air aodach dungairidhe
idir agus cha bhitheadh e ga chleachdadh. Tha mi smaoineachadh
gun robh e toilichte le ìomhaigh an iasgair no an t-seòladair agus
dh'fheumadh a h-uile càil a bhith a rèir a chèile. Bha an nòsarachd
seo ri fhaicinn ann an cuid eile dhe ghiùlan. Bha cuid de bhiadh nach
còrdadh ris agus dh'fhaodadh e a bhith gu math greannach gu h-àraidh
an uair a bha e a' fàs aosda agus fo sprochd.

'S dòcha gu bheil an dealbh seo dheth caran cruaidh air Alasdair
còir oir tha fios againn gun robh taobh eile a bha glè tharraingeach
na ghiùlan cuideachd.

Bha ùidh mhòr aige an còmhnaidh ann am brataichean, suaichean-
tais agus dathan brataich a bha aig dùthchannan air leth. A chionn 's
gun robh an iolaire aig a' Ghearmailt agus an leòmhann aig Alba
thuirt e ann an dòigh samhlachaidh eadar an dà dhùthaich:

'S i 'n iolair eun as neònaiche.
Tha an-diugh fo neòil nan speur,
Tha h-òige air h-ath-nuadhachadh,
Nuair bhios i truagh fo èis,

Ach nuair a thig i chun an fheòir,
A sholar feòil dhi fhèin (- A tholladh feòil)
Gun teich i bhon an leòmhann
Nuair nì i "raoic" na dèidh. (- *"roar"*)

Chi sinn an siud smior àrdanach nàiseanta Alasdair a' brùchdadh
a-mach agus gu dearbha ma bha duine sam bith den chlaonadh sin
b' esan e. Bu toigh leis a bhith ag innse do na fir agus na gillean a bha
an còmhnaidh deònach èisteachd ris mu dheidhinn eachdraidh, cultar
agus a' toirt samhlachadh dhaibh eadar inbhe Bhreatainn an coimeas
ri dùthchannan eile; gu h-àraidh an fheadhainn ris nach robh càirdeas
mòr sam bith aca.

Tha aon chuspair a tha a' tighinn an uachdar gu bitheanta tron
bhàrdachd aige agus 's e sin mar a bha e an còmhnaidh mothachail
air cumhachd Dhè agus a' comhairleachadh dhaoine suim a chur
anns a' chùis. Tha sin a' fosgladh na ceist ach carson a bha e mar seo
agus dè a dh'adhbhraich am buaireas na inntinn. Tha mi a' bualadh
air a cheist ud, a bha cho cunbhalach na smuain sna bheatha, ann an
earrainn eile.

An uair a chnuasaicheas mise air a h-uile nì a chuala mi mu dheidh-
inn A' Bhàird, chanainn gu robh a bheatha ann an dòigh caochlaideach,
inntinneach, sona, brònach, uireasbhach agus aig amannan buaireas-
ach. 'S dòcha gun canadh tu duine iomadh-fhillte ris. Gu h-àraidh
na òige, bha e dèidheil air connsachadh agus 's iomadh troimh-a-chèile
agus sabaid anns do ghabh e pàirt anns na puirt-iasgaich air feadh
na Gàidhealtachd aig deireadh sheachdainean an uair a bhitheadh
na bàtaichean-iasgaich nan tàmh. Bha argamaidean agus batailean
ainmeil ann eadar iasgairean A' Chosta an Iar agus iasgairean A' Chosta

an Ear, a thug tàire mhòr don phoileas glè thric. Bha mì-rùn shònraichte eadar an dà thaobh de dh'iasgairean agus mhair sen ùine mhòr. Bha seann iasgair às Inbhir Ùige ag innse dhòmhsa mu dheidhinn am batal mòr a bha anns a' phort-iasgaich sen fhèin am measg nan iasgairean, aimhreit a bha air a piobrachadh le buaidh na dibhe. Chunnaic e an dearbh dhol-a-mach ann am port-iasgaich Bhucaidh. Co-dhiù, cha robh Alasdair fortanach an uair a thigeadh e gu trioblaid a sheacnadh agus cha robh eagal air pàirt a ghabhail anns na bha a' dol air adhart.

Bha e làidir agus comasach le dhùirn na òige agus cha robh eagal sam bith air a neart a chur an cèill ma bha duine a' cur dragh air. Chuala mi stòiridh mu dheidhinn buaireadh a thachair an uair a bha e ann an Aldershot anns an arm a' trèanadh airson a dhol a-null gu Cogadh Afraga. Bha oifigear ann aig an robh gràin mhòr air na gillean Gàidhealach agus bha e an còmhnaidh a' dèanamh dìmeas orra. Aon oidhche thàinig an t-oifigear seo a-steach don t-seòmar anns a robh grunnan de na gillean ag òl agus e a' coimhead airson an càineadh mar a b' àbhaist. Rinn Alasdair sanas ri charaid an solas a chur dheth agus gun tarraingeadh e dealbh an oifigear, a' ciallachadh gun robh e a' dol a thoirt slaic air. Bha e ag èaladh suas faisg air an oifigear agus dìreach an uair a chaidh an solas dheth thug e dha buille air an smiogaid a dh'fhàg e a' faicinn rionnagan. Chaidh an ceòl air feadh na fidhle agus thàinig luchd-poileis an airm. Bhrath fear dhen na saighdearan a bha an làthair e agus chaidh a chur an grèim airson ùine. Fhad 's a bha e anns a' phrìosan airm chaidh a dhroch dhochann. Cha do thill am fear a bhrath e air ais do Na h-Eileanan Siar gu bràth tuilleadh air eagal gum faigheadh Alasdair grèim air oir, mar a chaidh innse dhomh, cha robh an dachaighean ro fhada bho chèile. Chuala mi an sgeula ud ann an caochladh dhòighean ach tha mi cinnteach gun robh rudeigin ann ceangailte ri connspaid.

Aig àm eile bha e fhèin agus fear eile ann an connspaid ri poileasman air An Tairbeart gus mu dheireadh thall gun tàinig a' chùis gu buillean. 'S e bun a bh' ann gun deachaidh a' choire a chur air Alasdair airson na buille a leag am poileasman. Chaidh Alasdair a thort gu cuirt an an Loch nam Madadh fo chasaid airson na connspaid seo. Cha robh cinnt ann idir cò a thug seachad a' bhuille ach 's e Alasdair a chaidh a dhìteadh aig a' cheann thall.

Bha iomadh stòiridh èibhinn agus inntinneach ri innse mu dheidhinn tubaistean anns a d' fhuair Alasdair e fhèin thar nam bliadhnaichean far a robh deoch-làidir na pàirt den dol-a-mach. Ged a bha deoch-làidir co-cheangailte ris an trachartas seo cha b' e tubaist a bh' ann ach murag, ged is dòcha mar a chaidh cùisean bun os cionn gur e tubaist a bh' ann dha aig a' cheann thall. Aig àm chogaidhean gu h- àraidh, bha muragan a' tighinn air tìr air a' chladach. Tha mi cinnteach gun robh pàirt mhòr dhiubh air tighinn bho bhàtaichean a chaidh a chur fodha le ionnsaighean spaileartan bho longan-cogaidh na Gearmailt. Bha na tachartsan seo glè thric anns a' gheamhradh ged a bha iad ann aig amannan eile cuideachd. Bha e na chleachdadh aig cuid a bhith a' siubhal na h-oirthir airson dè a lorgadh iad. Uaireannan bha gu leòr a' tighinn air tìr, fiodh agus iomadh rud eile.

Co-dhiù, thar ùine ghoirid, chan eil mi cinnteach dè cho fada, mhothaich a chàirdean gun robh Am Bàrd a' tighinn dhachaigh a h-uile madainn agus smùid mhath air. Cha robh iad a' tuigsinn air thalamh càite an robh e a' faighinn na deoch-làidir oir bha iad an dùil gun robh e a' dol a dh'iarraidh mòine gu Gob Rubh' Chliuthair mar a bha e fhèin ag innnse dhaibh. 'S e bun a bh' ann gun robh e air togsaid ruma a lorg air a' chladach – murag air an do chuir e fàilte mhòr. Tha mi cinnteach gun tàinig an togsaid bho bhàta-cargu a chaidh fodha. Bha e innleachdach agus chaidh aige air an deoch-làidir a tharraing às an togsaid ann an dòigh air choreigin, dìreach an uair a shaoileadh e fhèin gun robh feum aige air drama. Mhair am plòidh aige na b' fhaide na bha a chàirdean agus, na bu mhiosa buileach, na bha nàbaidhean eile toilichte leis. Bha an dol-a-mach a bha seo a' cur uallach agus iomagain orra. Rinn iad sgeama suas agus lean fear dhiubh e gus an d' fhuair iad a-mach càite an robh e a' faighinn na deoch-làidir. Lorg iad an togsaid agus thug iad aiste an tùc a chuir Alasdair innte. Dhòirt iad a h-uile boinne a bh' innte, a' toirt a phlòidh gu crìch; ach bha i math fhad 's a mhair i. Tha mise a' faireachdainn gath truais an uair a smaoinicheas mi air cor Alasdair. Tha mi a' faicinn na cùis mar ghnìomh suarach. Fhad 's a bha am plòidh a' dol gun dragh sam bith, bha e mar am fear eile a rinn an t-òran anns an robh e a' ràdh: *"far am bithinn saidhbhir le taigh-seinnse beag dhomh fhèin"*. Cha chuala mi idir an do rinn e òran mu dheidhinn an tachartais ach ma rinn chùm e aige fhèin e. Bha e air a' ràdh mu dheidhinn gun robh e a' dèanamh rannan agus òrain aig amannan nach cluinnte ach aon uair agus nach bitheadh guth orra gu bràth tuilleadh.

A Sheòrsa Bàrdachd agus na Cuspairean

~

Tha mi cinnteach gun canadh cuid *"bàrd baile"* no *"bàrd coimhear-snachd"* ris agus chan eil teagamh idir ann gun robh pàirt mhòr dhen bhàrdachd aige a' bualadh air cuspairean den ghnè sin. Chan eil mise dèidheil air no cofhurtail le na tiotalan seo idir an uair a tha iad air an cleachdadh ann an dòigh nach eil a' cur meas ro mhath air bàrdachd a tha a' tighinn bho na freumhan sin. Bha agus tha cuid a' cur mar gum biodh blas suarach air obair bhàrd a bha gu math comasach ged nach d' fhuair iad cothrom sgoilearachd agus 's docha ceum a dhèanamh ann an oilthigh. 'S ann a rèir brìgh na bàrdachd fhèin bu choir dhuinn a bhith ga breithneachadh 's chan ann a rèir cò a rinn i. Air an làimh eile tha doimhneachd smaointean ri fhaicinn ann am pàirt de dh'obair Alasdair agus bha e cho sàr-chomasach air gnothaichean spioradail no trom-chuiseach a shamhlachadh, mar a chunnaic e fhèin na bheatha iad, 's a bha e air òrain aotrom no àbhachdach a chur ri chèile. Sin an seòrsa duine a bh' ann.

Rinn e iomadh seòrsa bàrdachd mu dheidhinn tachartan ionadail, a' toirt a-steach aoirean, òrain èibhinn, òrain agus cumhachan mu thimcheall chogaidhean. Nam measg bha laoidhean mu dheidhinn dhaoine a bha dlùth dha chridhe agus air an robh e eòlach. 'S e *"laoidh"* a theireadh e an àite *"cumha"* no *"marbhrann"* airson a leithid sin de bhàrdachd. Tha am facal sin ri fhaighinn ann an dualchainnt na

Hearadh co-dhiù. Chan ann anns an dòigh spioradail a tha an ciall mar seo ach tha e aca anns an dà dhòigh. Ge brith dè a' ghnè bàrdachd ris an robh e a' dèiligeadh bha a Ghàidhlig aige taitneach agus blasta.

Mar a chithear, rinn e am marbhrann a tha air an lic-uaghach aige fhèin. Feumaidh e bhith gun robh seòrsa de ro-shealladh aige gun deidheadh clach-uaghach a chur os a chionn. Co aige tha fios? Tha briathran an sgrìobhaidh ann an dòigh a tha neartachadh na barail seo.

Bha cuid den bheachd nach robh ùidh mhòr sam bith aig Alasdair ann an croitearachd agus feumar a ràdh gu robh barrachd sannt aige do bhàtaichean agus iasgach a bha dlùth ri chridhe agus tha sen a' nochdadh glè thric na bhàrdachd. Bha cuid eile ann aig an robh beachdan uile-gu-lèir eadar-dhealaichte agus chanadh iad gur e fìor chroitear math a bh' ann, a bha èasgaidh agus comasach anns gach gnìomh dhen obair sin. Cha robh croitean torrach anns Na Bàigh co-dhiù agus tha e a' toirt iomradh air a sin ann an "Òran a' Mhachaire" air an seall mi nas fhaide air adhart.

Tha e doirbh tighinn gu co-dhùnadh ach cò an rian de bhàrdachd anns an robh e na bu làidire oir bha an deas-bhriathrachd aige cho siùbhlach anns gach gleus. Chi sinn e cho aighearach anns na h-aoirean agus bàrdachd aotrom eile mar sin, ach tha e a' tionndadh a cheart cho luath gu sòlaimteachd an uair a tha inntinn air a buaireadh le cuspairean anns am bheil tiamhaidheachd agus bròn. Bha call òigridh ann an cogaidhean agus eile a' cur dragh mhòr air agus tha mi glè chinnteach gun robh mar a chunnaic e fhèin an lèirsgrios ann an Afraga a' toirt sin air ais gu inntinn. Bha an t-adhbhar mhulaid seo gu bitheanta am follais na chuid bàrdachd. Saoilidh mi aig amannan, mar a tha e a' coimhead air ais air a chaitheamh-beatha fhèin, gu bheil nàdur de dh'aithreachas ri fhaicinn na fheallsanachd agus 's e am bàs a tha a' tighinn am bàrr air gach cuspair. Chanadh tu gu bheil cuid den bhàrdachd aige a' nochdadh dhuinn duine aig an robh seòrsa de dh'fhiamh ron bhàs. Tha mi a' ràdh seo do bhrìgh 's cho tric is a bha a bheachd-smuain sin air inntinn agus a' nochdadh na bhàrdachd.

Bha A' Bhìodag (Raonaid NicLeòid, ogha a pheathar) ag innse dhomh rud a bha annasach mu dheidhinn mar a bha Alasdair a' cur seachad Latha na Sàbaid. Bha e ag èirigh tràth anns a' mhadainn agus sgeadaicheadh e e fhèin anns an deise a b' fheàrr a bh' aige le lèine gheal, coilear,taidh agus na brogan aige air an gleansadh mar gum bitheadh e air ais anns an arm. Ged nach robh e a' dol a dh'àite sam bith eile no an comhair eaglais na b' fhaide air adhart na bheatha co-dhiù, bha e fuireach a-staigh fad an latha. Tha seo a' fosgladh ceist ach carson a bha am fasan seo aige. An robh e mì-chinnteach mu dheidhinn ciamar a ghabhadh daoine ris anns an eaglais? Chanainn gu robh an nòsarachd so a' bualadh air mar a bha nithean spioradail gu tric a' cur dragh air agus bhitheadh e a' toirt samhlaidhean agus ìomhaighean soisgeulach a-steach don bhàrdachd a bha a' toirt rabhadh do dhaoine. 'S dòcha gun robh e a' faighinn fuasgladh air na nithean a bha ga bhuaireadh le ghràs a chur an cèill ann am bàrdachd a bha freagarrach san t-suidheachadh.

A chionn 's gun robh crìoch beatha agus cùisean soisgeulach a' nochdadh cho tric na bheachd-smaoin, tha ceist eile ann a tha a cheart cho duilich freagairt fhaighinn dhith agus tha i a thaobh ciamar a bha e a' sealltainn air creideamh. Tha e gu tric a' toirt rabhadh do dhaoine, mar a tha air an lic-uaghach aige, deasachadh airson ceann thall an turais. Aig an aon àm cha robh e cleachdte ri bhith a' frithealadh eaglaisean. Tha mi cinnteach gun deachaidh e don eaglais na oigear mar a chaidh a' mhòr-chuid aig an àm agus, mar a chaidh innse dhomh, 's ann timcheall air meadhan-aois a sguir e a dhol innte. Tha e fhèin a' toirt iomradh air a phuing seo ann an *"Laoidh na h-Aoise"* far a bheil samhlachadh a' tighinn am bàrr gu làidir. Tha e farasta a thuigsinn carson a bha an t-siorraidheachd daonnan ann an smuaintean A' Bhàird. Bha e a' fuireach ann an coimhearsnachd anns an robh adhradh agus creideamh na phàirt mhòr de bheatha an t-sluaigh. Aig an àm anns an robh e beò, bha a' mhòr-chuid de theaghlaichean, mar a chanadh iad, *"a' gabhail nan leabhraichean"* gach latha; sen mar gum biodh seirbheis bheag a bha aca dhaibh pèin anns a' mhadainn an dèidh bracaist agus a-rithist ro àm a dhol a laighe. A chionn 's nach robh e a' gabhail pàirt ann an obair na h-eaglaise agus ga frithealadh, 's dòcha gu robh e a' sealltainn air fhèin mar fhògarrach. Ann an cuid de shuidheachaidhean bha a bheachdan fhèin aige agus leanadh e gu daingeann riutha. 'S dòcha gu robh e a' feuchainn ri chur an cèill nach robh e às eugmhais gràis no ùmhlachd a dh'aindeoin 's mar a bha e a' cumail air falbh bhon eaglais.

Tha sin gar toirt gu puing eile a tha a' buntainn ri ciamar a bha daoine a' gabhail ris anns a' choimhearsnachd. Bha cuid ann aig an robh eagal am beatha roimhe agus sheachnadh iad e nam b' urrainn dhaibh. Bha fios aca nach robh neach sam bith sàbhailte bho a theanga gheur agus nan deidheadh rudeigin bun os cionn orra no nan tachradh tubaist dhaibh a ghluaiseadh a mhac-meanmna gum bitheadh rann no dhà aige glè luath. Thug tòrr dhen a rinn Am Bàrd toileachas-inntinn mòr dhan an t-sluagh ann an iomadh dòigh. A chionn is gun robh e a' dèanamh bàrdachd mu dheidhinn chuspairean eadar-dhealaichte, bha sen na chuideachadh math cuideachd oir bha a h-uile duine a' faighinn rudeigin a thàladh iad gu ùidh a ghabhail na obair.

Gu dearbh bha muinntir an àite pròiseil gun robh a leithid aca.

'S e duine sèimh, coibhneil a bh' ann agus bha e a' toirt toileachas-inntinn mhòr dha a bhith a' dol a chèilidh air càirdean agus caraidean, a chluas ris an làr ach an robh tachartas ùr anns an àite a b' fhiach rann no dhà. Sin an teisteanas a fhuair mise air bho mo luchd-bratha.

Cànan agus Cruth na Bàrdachd

≈

Mar a thuirt mi mar-thà cha robh na fhuair Alasdair de dh'oideachas ach gann oir bha rudan eile a' bagradh air a shaoghal na òige. A dh'aindeoin bacadh ann am foghlam bha Gàidhlig fhallain, bhrìogh-mhor aige bhon a thòisich e ga bruidhinn air glùin a mhàthar. Cha robh e a' dèanamh deasachadh mòr sam bith airson rannan a chur ri chèile. Bha sin a' tighinn thuige gu nàdarra. Bu bheag feum a bh' aige air faclair Gàidhlig no oideachas anns a chleas sin, bha a chuid bàrdachd a' tighinn dìreach bhon a' chridhe. Bha smuain a' tighinn thugam gun robh a bhàrdachd aige mar an t-iasgach air an robh e cho measail. An uair a ghluaiseadh a mhac-meanmna bha mar gum biodh an dubhan a' dol an grèim agus cha robh fuasgladh air. Bha seo gu math follaiseach anns na h-aoirean agus na h-òrain èibhinn, gu h-àraidh an fheadhainn a bha sìmplidh agus togarrach don chluais.

Mar a chuala mi, 's e seinneadair math a bh' ann aig an robh guth ceòlmhor binn agus stèidhich e gach pìos bàrdachd a rinn e riamh air fonn sònraichte a fhreagradh meatair an òrain. Cha chòrdadh e ris idir an uair a chluinneadh e duine sam bith ag aithris no a' seinn nan òran aige mur an robh na faclan ceart aca. Mar gach "bàrd baile" eile, bha e a' dèanamh nan òran anns a' bheachd gun deidheadh an seinn agus bha sin a' toirt toileachas-inntinn mòr dha.

Ri linn Alasdair bha a' Ghàidhlig slàn agus fallain anns a' choimhear-snachd agus mar sin bha e a' cleachdadh a' ghnè cànain na bhàrdachd 's a bha an sluagh anns na ceàrnan sin a' bruidhinn gu nàdarra; ged a dh'fheumar a ràdh gun robh a chomas le faclaireachd aig ìre nach robh aig mòran. Tha a' Ghàidhlig agus cànanan eile ag atharrachadh fad na tìde, mar a tha sòisealtas agus gnìomhachas a' gluasad air adhart; no 's dòcha air ais ann an cuid de shuidheachaidhean. A dh'aindeoin sen tha e duilich aideachadh, a thaobh na Gàidhlig co-dhiù, gu bheil tanachadh agus call a' tighinn na luib. Chan eil an doimhneachd agus an deas-bhriathrachd againn san là an-diugh ann an Gàidhlig 's a bha aig na daoine còir a chaidh romhainn. Chan eil croitearachd agus iasgach mar a bha agus leis a sen chan eil daoine ag obair còmhla agus a' teagasg na h-òigridh anns na cleasan obrach. Aig an aon àm tha an suidheachadh a' toirt buaidh air fileantachd anns a' Ghàidhlig, ged a tha iomadh rud eile a' bualadh air mar a tha cùisean air sen atharrachadh. 'S dòcha leis an ath-bheothachadh a th' anns a' chànan an-dràsta gum bi pàirt a' tighinn air ais.

Chi sinn cho ealanta 's a bha e, a' snìomh fhaclan ann an luib a chèil ann an dòigh a bha snasail agus lùthmhor; ach aig an aon àm farasta an tuigsinn. Bha an tàlann nàdarra aige a thug dha coth-rom leigeil le bhriathran ruith gun spàirn sam bith agus dh'fhàg sin blas talmhaidh, deas-labhrach air a chuid bàrdachd. Tha a thagadh air faclan gun choimeas am measg, mar a their sinn "bàrdachd coimh-earsnachd", ach tha taobh eile nas doimhne anns an fheallsanachd aige nuair a tha e a' dèiligeadh ri cùisean anns a bheil feum air beachd-smaoin dhomhainn. Ann an suidheachadh mar sin tha e glè thric a' tionndadh gu creideamh agus samhlachadh bhon t-soisgeul airson saorsa dha inntinn agus freagairt dhan bhuaireas. Mar a dh'ainmich mi mar-thà, 's e an ìomhaigh a tha a' tighinn thugamsa dheth ach duine nach robh cràbhach anns an dòigh a bha creideamh air a thomhas na shaoghal-san ach aig an robh meud de mhiann airson gràs fhaighinn dha fhèin agus tha a bheachd-shùil sin ri faicinnn gu làidir ann an *"Laoidh na h-aoise"* far a bheil e a' ràdh:

"Nam faighinn gràs dham anam
'S dhol a-mach mar a dhèidheadh càch
Rachainn dhan taigh-leughaidh
A shealltainn meud mo ghràis
Nan cuireadh iad a dh'ùrnaigh mi
Gur iomadh sùil bhiodh àrd
Bhiodh monmhar measg an t-sluaigh
Ach, "gu dè a bhuail Am Bàrd?"

Tha e glè thric air a bhuaireadh leis a' bheachd gu bheil e eadar-dhealaichte bho dhaoine eile na shuidheachadh. Chanadh cuid gun robh e aig amannan ag ràdh rudan ann am fella-dhà son gu faiceadh e ciamar a ghabhadh daoine ris. Bha fios aige fhèin gun robh e mar gum bitheadh a' tarraing às an fheadhainn nach robh mothachail air a chleas. Bha Raonaid (A' Bhìodag) ag innse dhomh gu robh iad aon uair a' bruidhinn mu dheidhinn bàrdachd agus thuirt e rithe: *"chan eil bàrd ann as fheàrr na mise ach Uilleam Ros!"*. Bha i den bharail gun robh e ri fealla-dhà. Bha Uilleam Ros còrr is ceud bliadhna air thoiseach air Alasdair. Co-dhiù, cha robh Alasdair còir air a bhuaireadh le gaol mar a bha Uilleam Ros daonnan.

'S dòcha gun robh an ùidh mhòr a bh' aig cuid de mhuinntir na sgìre timcheall Chliuthair a thaobh bàrdachd air a piobrachadh leis gun robh am bàrd fhèin aca. Bha bàird eile timcheall na sgìre cuideachd a leithid Nèill Mhòir Chleite na Ducha (Neil MacDonald) a bha air gluasad gu Losgaintir agus Ruairidh MacLeòid, no *"Harris"* mar a b' fheàrr a b' aithne do dhaoine e. Bha iadsan gu math comasach nan dòigh fhèin cuideachd. Tha mi an dòchas gun tèid a bhàrdachd acasan fhoillseachadh oir 's math is fhiach i aire a thoirt dhith. Tha gu leòr innte a tha annasach, eachdraidheil agus cultarach, cuid dhith anns an aon nòs ri bàrdachd Alasdair.

Bha e mothachail air obair bhàrd eile cuideachd oir bha bàrdachd ùr traidiseanta air adhartas mòr a dhèanamh aig an àm sin agus bha gu leòr mar e fhèin a' taomadh a-mach ultaich dhith. Dhùisg sin ùidh mhòr airson gu leòr dhith a chur an clò ged, mar a bha suidheachadh Alasdair, nach do ghluais neach airson a bhàrdachd aige fhaighinn air a chlò-bhualadh. A dh'aindeoin gun do leugh e obair an fheadhainn a chaidh roimhe, chanainn gun robh Bàrd Chliuthair gu math comasach agus daingeann na bheachdan fhèin agus bha e cofhurtail leis an tàlant a bh'aige.

Ann an *"Laoidh na h-Aoise"* chì sinn neart nan samhlaidhean aige a-rithist a' tighinn am bàrr. Tha an laoidh seo gu sònraichte a' bualadh air taobh spioradail agus taobh nàdarrach nan samhlaidhean agus nan ìomhaighean a tha e a' cleachdadh. Mar a tha e a' coimhead air ais air a chaitheamh-beatha fhèin agus a' toirt fa-near gu bheil an òige ga fhàgail agus an aois a' faighinn làmh an uachdar, tha an suidheachadh a' cur uabhas air. Tha an laoidh seo a' nochdadh seòrsa de dh'aithreachas agus 's dòcha mì-chinnt mun bhàs. Na òige bha e ga fhaicinn fhèin *"cho aotrom ris an fhaoileig air a' chuan"* ach, bhon a bhuail an aois e, tha e *"mar sheilcheag madainn shamhraidh, a' dol gu fann air bhàrr an fheòir"*. Cò idir a b' urrainn a chur na b' fheàrr?

Tha a ghleus nas soganach ann an *"Opairèisean Ruairidh"* far a
bheil e a' dèanamh coimeas eadar Ruairidh bochd agus Purves, an
làmh-lèigh a bh' ann an Ospadal Steòrnabhaigh aig an àm. Anns an
aoir seo a rinn e mun *"opairèisean"*, tha e a' toirt eisimpleir mhath
dhuinn air an t-suidheachadh shònraichte eile seach aoigheachd a
bha bàrd mar esan a' tabhairt don choimhearsnachd. Feumaidh sinn
a thuigsinn gur e gnothach trom-chuiseach a ghabh Ruairidh os laimh
le dhol an sàs anns a ghnìomh seo, rud a tha mi cinnteach nach
tachradh anns an latha an-diugh. Bha cuid dhen bheachd nach robh
an *"opairèisean"* cho dràmatach 's a bha Alasdair a' feuchainn ri thoirt
a chreidsinn air daoine. Thug mar a rinn e spòrs agus àbhachdas
dheth air falbh taobh cudromach na cùise. Tha an dearbh fheallsanachd
ri fhaicinn far a bheil an aon chleas cleachdte aig bàird *"aimhreit an
fhearainn"* agus *"bàrdachd nam fuadaichean"*. Ged a bha daoine aig
an àm sin air an geur-leanmhainn agus làmhachas-làidir air a thoirt
orra, rinn cuid bàrdachd beagan fealla-dhà dheth no mùchadh ann
an oidhirp air an dosgainn a lùghdachadh.

An uair a tha e a' dèiligeadh ri cùisean a tha brònach agus tiamhaidh
chì sinn dùrachd a chànain a' deàrrsadh a-mach agus tha cuid dha
chainnt dha-rìribh comasach air deòir a tharraing gu sùilean an
leughadair no neach-èisteachd. Tha seo air fhoillseachadh gu domh-
ainn ann an *"Laoidh Aonghais Mhòir Sheonaidh"* far a bheil e a' cur
nam briathran ann am beul màthar an fhir a chaidh a mhurt thall
thairis. Tha meud bròin na mathar a' dòrtadh a-mach ann am briathran
cho dòrainneach agus àmhgharach a tha na h-eisimplier mhath air
ealantas Alasdair. Tha e doirbh taghadh a dhèanamh a thaobh gu dè
a' ghnè bàrdachd anns an robh e na bu làidire, ach chanainn gu bheil

na laoidhean agus an fheadhainn anns a bheil feallsanachd a' bhàird fhèin buadhach nas inntinniche dhòmhsa.

Ged a bha Alasdair a' fuireach ann an suidheachadh iomallach mar a bha Cliuthar na latha, bha mion-eòlas aige air dè a bha a' dol air adhart air feadh an t-saoghail. Bha inntinn fhaighneachail aige agus cha robh càil a b' fheàrr leis na bhith a' toirt fiosrachadh dhan òigridh gu àraidh air na chunnaic agus na chuala e rè a bheatha. Nach ann an sin a bhitheadh an sealladh cridheil ga fhaicinn air a chuartachadh mu choinneamh teine mòr mònadh air oidhche gheamhraidh ann an Cliuthar a' seinn nan òran dhaibh? Tha mi glè chinnteach gum biodh iomadh sgeulachd, fìrinneach agus ròlaisteach, aige ri aithris cuideachd. Mar a chuala mi, bha e glè mhath air tarraing às an fheadhainn òga a bha feuchainn ri bhith air thoiseach air ann an deasbaireachd sam bith.

Dòighean Deasachaidh

~

Fhuair mise grèim air na h-òrain aig *"Bàrd Chliuthair"* ann an caochladh dhòighean, cuid a bha aig amannan cugallach. Bha mi air comhairle fhaighinn bhon Ollamh Dòmhnall Meek an stuth air fad a chur cruinn còmhla an toiseach mus dèanainn dad sam bith eile leis agus cha b' fhada gus an do thuig mi cho pongail 's bha a chomhairle aige. Cha robh e cho farasda anns an t-suidheachadh seo a dhèanamh agus an dèidh na h-ùine a tha air a' dhol seachad, tha mi fhathast a' faighinn pìosan bàrdachd nach cuala mi riamh roimhe. Tha sen math gun teagamh agus b' fheàrr gun robh tuilleadh ann ged a tha seo a' cur maill air a' chùis a thoirt gu crìch. Ghabh cuid dhomh na h-òrain agus sgrìobh mi sìos iad. Sheinn cuid eile na h-òrain mar a chlàr mi air teip iad. Thug mi pàirt de dh'fhaclan nan òran bho theipichean a bha aig daoine eile a chaidh a dhèanamh gu h-ionadail thar nam bliadhnachan. Bha Catrìona Fhionnlaigh Dhòmhnaill Raghnaill (Catherine MacLeod) à Mànais anns Na Bàigh a' seinn air teip no dhà. 'S e Fearghasdan an cinneadh a bh' aice mus do phòs i ach, an uair a bhruidhinn mi rithe, cha robh i buileach cinnteach an robh an teaghlach aicese càirdeach do theaghlach A' Bhàird. Bha mi air a chluinntinn gun robh deagh sheansa ann gun robh iad càirdeach. Feumaidh sinn comhairle fhaighinn bho Uilleam Lawson tha mi an dùil.

Bha e gu math feumail cuideachd gun robh lorg ann air teip le Dòmhnall Aonghais (Donald MacLeod) nach maireann a bha às an Sgrot a' seinn cuid de na h-òrain. Thug a mhac (Panaidh) dhomh cuideachadh mòr leis a seo. Anns an aon dòigh thàinig pàirt bho theipichean air an robh Aonghas Ruairidh Eòghainn (Angus Mac-Donald) nach maireann a' seinn. B' esan mac Ruairidh Eòghainn air a bheil iomradh againn mar-thà agus bha e fhèin a' seinn air teipichean eile a bharrachd air mar a chlàr mi e iomadh uair. Bha feadhainn agam fhèin dhiubh a cheana ach tha mise air pàirt dìochuimhn' a dhèanamh orra cuideachd. Sen a tha gam fhàgail cho cinnteach mu dheidhinn an cunnart a th' ann cus earbsa a chur ann am beul-aithris agus cuimhne oir tha mi ga fhaicinn cho follaiseach anns an rann-sachadh seo fhèin.

'S e an duilgheadas bu mhotha a fhuair mi gun robh faclan no eadhon sreathan agus rannan eadar-dhealaichte aig na seinneadair-ean agus aig mo luchd-bratha eile ann an cuid de na h-òrain. Bha seinneadairean aig amannan a' cur faclan eadar-dhealaichte bho fheadhainn eile annta air dhaibh an seinn a-rithist no air teip a chaidh a dhèanamh aig àm eile. Bidh an dragh sin an còmhnaidh a' tachairt ann a leithid seo de rannsachadh agus airson nach eil mi deònach tuairmeas a dhèanamh air cò tha ceart no ceàrr tha mi a' cur nan roghainnean eile air leth far a bheil e freagarrach sin a dhèanamh. Chuir mi notaichean agus faclair aig deireadh gach òrain mar a b' fheàrr a b' urrainn dhomh. Dh'fheuch mi ri beagan fiosrachaidh a thoirt air cuspair gach òrain mar a bha fios agam mar-thà agus mar a fhuair mi bho chàch. Tha dual-chainnt Na Hearadh a' nochdadh gu làidir tron bhàrdachd agus dh'fheuch mi ri pàirt dhe sin a mhìneach-adh mar a bha iomchaidh cuideachd.

Co-dhùnadh

~

Tha mi glè chinnteach gun tuig an leughadair an duilgheadas a bha anns an obair seo a thoirt gu ìre iomchaidh le mar a chaidh a fàgail cho fadalach ach cha dèan leisgeulan feum sam bith a-nis. Tha mi an dèidh a bhith a' sguidilearachd le pìosan pàipear, teipichean agus iomadh rud eile airson ùine mhòr a-nis agus dh'fhaodainn cumail orm, ach cha bitheadh sen ciallach agus tha an t-àm ann fhàgail mar a tha e. 'S e an t-aithreachas as motha a th' agamsa nach d' fhuair no nach do rinn mi gluasad na bu tràithe agus leis a sin tha mi a' ciall-achadh ùine mhòr air ais. Gun teagamh, thuig mi còig bliadhna fichead air ais gum bitheadh duilgheadas ann agus chan eil cùisean air a dhol nas fheàrr bhon uair sin.

Ged a tha deagh chuimne agam air Bàrd Chliuthair fhaicinn an uair a bha mi nam bhalach, cha do smaoinich mi nam òige gum bithinn a' feuchainn cho fada seo air adhart ris a bhàrdachd aige fhaighinn ann an clò. Tha fios agam gu bheil mi air seo ainmeachadh mar-thà agus bidh daoine a' fàs sgìth dham ghearain. Feumaidh mi aideachadh, ged is iomadh car is tionndadh a thàinig gum aire rè na h-ùine a chuir mi seachad ag obair air a chruinneachadh seo, gun do chòrd an dùbhlan rium dha-rìribh. Gu deimhinn cha do thuig mi aig toiseach tòiseachaidh gum bitheadh a' chùis cho iarrtach mar a chaidh gnothaichean air adhart ach a dh'aindeoin sen dh'ionnsaich mi tòrr às.

'S e an rud as miosa dhòmhsa nach eil againn air fhàgail ach earrainn bheag dhen bhàrdachd a rinn e. Co-dhiù, an uair a sheallas mi air na th'ann, tha mi toilichte gun deachaidh againn cumail air adhart leis. Tha e farasta fhaicinn gun robh bàrdachd Bàrd Chliuthair aig àrd ìre anns an tìm anns an robh e ag obrachadh. Tha *"Talla nam Bàrd"* an còmhnaidh a' tighinn gum inntinn an uair a tha mi a' smaoineachadh air bàrdachd agus chanainn gun teagamh sam bith gu bheil Alasdair airidh air àite fhèin nam measg. A dh'aindeoin a h-uile rud, tha mi taingeil gu bheil seo fhèin againn cruinn còmhla a-nis ach mura b' e an cuideachadh a fhuair mi bho na daoine còir ris an do bhruidhinn mi agus a rinn cobhair orm ann an iomadh dòigh cha bhitheadh a' chùis ach truagh. Tha mi fada nan comain.

Na h-Òrain

1. Opairèisean Ruairidh

'S e ball-àbhachd[1] na h-aoire seo Ruairidh Beag à Collam (Ruairidh MacIllinnein) a bha a' fuireach faisg air A' Bhàrd anns an ath bhaile. Bha Ruaraidh na sheòrsa de lighiche-sprèidh neo-dhreuchdail[2], mar gun canadh tu bheat nach d' fhuair an t-ionnsachadh. Bha seo an còmhnaidh na chùlaidh-mhagaidh don bhàrd agus chì sinn gun deachaidh aige air feadhainn eile a thoirt a-steach an luib na h-aoire cuideachd agus cha do d' fhàg e cuid aca gun iomradh èibhinn a thoirt orra. Seo an seòrsa suidheachadh anns an robh am bàrd a' faighinn cothrom beagan tarraing às a dhèanamh air feadhhainn a bha na bheachd an airidh air. Tha seo na h-eisimpleir mhath air a' chleas a bha aig *"bàird-baile"* no *"bàird-coimhearsnachd"* eile, ma ghabhas sinn ri na tiotalan sin; le bhith a' dèanamh spòrs no beagan fealla-dhà de ghnothaich a bha sòlaimte. Bha seo a' lùghdachadh na trom-chuis. Bha òran mar seo a' cumail eachdraidh agus cultar na sgìre beò. Bha am bàrd a' gabhail àite eachdraiche no neach-naidheachd. 'S e croiter a bh' ann an Ruairidh, fear aig an robh bàt'-iasgaich agus bùth bheag den t-seòrsa a bha goireasach do mhuinntir nam bailtean air feadh nan eileanan aig an àm. Ged a bha iad càirdeach a thaobh cleamhnais, cha robh Alasdair taobhach ri Ruairidh bochd idir agus cha robh càil a b' fheàrr leis na bhith ga laimhseachadh le theanga gheur sgaiteach; ged nach robh mì-rùn mòr sam bith san amharc eadar an dithis mar bu trice.

Ma bha bò no caora ann aig an robh dragh no riasladh sam bith aig àm breith àil bhiodh daoine a' cur fios air Ruairidh airson a sgilean a chur gu gnìomh. Cha b' e Ruairidh an aon duine a bha a' dèanamh an t-seòrsa seirbheis chuideachail seo anns an sgìre idir. Bha bheat còrr is dà fhichead mìle air fabh ann an Steòrnabhagh agus cha robh e cho farasda 's a tha e an-diugh siubhal eadar an dà àite. Sin dìreach mar a thacair an trup seo. Chaidh fios a chur gu Ruairidh, ach gu mì-fhortanach cha deachaidh cùisean gu fàbharach le *"Opairèisean Ruairidh"* idir. Mar bha àbhaisteach, chruinnich na fhuair sanas air na bha a' dol air adhart timcheall air Ruairidh oir bha fios aca gum biodh a' chùis inntinneach a chionn 's gun robh esan an sàs innte. 'S math a tha cuimhne agam air Ruairidh a' tadhal gu tric anns an taigh againne agus 's e fìor dhuine èibhinn, comasach a bh' ann fhèin. Bha e ainmeil air feadh na sgìre son cho eirmseach 's a bha e agus 's dòcha gun do dh'fhàg sen e na thargaid ghoireasach don bhàrd.

Co-dhiù, tha an t-òran seo air deasbadan agus argamaidean a bhrosnachadh thar nam bliadhnaichean a thaobh an robh a' chùis cho buileach èiginneach 's a bha Am Bàrd a' cumail a-mach. Bha aon fhear a bha an làthair aig an *"opairèisean"* ag innse dhomh nach robh a' bhò ro fhallain co-dhiù agus gun robh na h-eòlaich a bha timcheall den bheachd nach robh dòchas mòr sam bith ann gum faigheadh i seachad air an àmhghair aig àm breith agus gun robh Mòr bhochd a' dol ga call co-dhiù. Seo cleas a bh' aig Alasdair, mar a bha aig iomadh bàrd eile dheth sheòrsa; a' cur am meud thachartasan a bhitheadh neoichiontach gu leòr airson blas agus loinn na b' fheàrr a chur air a' chùis. Bhruidhinn mise ri fear eile a bha aig an *"opairèisean"* agus bha esan glè chinnteach gu robh cùisean mar a dh'aithris Am Bàrd iad mun latha ainmeil ud. Tha e math mar a tha Am Bàrd a' toirt a-steach grunnan de luchd-còmhnaidh na sgìre ann an luib na bha a' dol air adhart agus tha e a' dèanamh aithris èibhinn air mar a bha cuid aca a' dèiligeadh ris a' chùis. Bha Alasdair anns an t-suidheachadh bu mhath leis, far an robh e air sanas fhaighinn mun *"opairèisean"* agus cha b' fhada gus an robh e a' cur a dhreach fhèin oirre ann an òran.

Opairèisean Ruairidh

Opairèisean Ruairidh[3]
Chualas feadh na tìr
Snathad-sheòl ga fuaigheal
'S nuallan aig an laogh.
'Stitchichean'[4] air fiaradh
Ann am blianaich[5] chaol
Dh'fhàg e i cho dìonach
'S gun robh feur ro taobh.

Bha "surgery" dùinte
'S na h-iùrain[6] aig spàirn
Le "sgrineachan"[7] dùbailt
Aca os cionn na bà
Son nach fhaiceadh sùil iad
Nan deidheadh cùisean ceàrr
'S ann mar thug e uaip' e
Chaidh go[8] cluas a' bhàird.

Bha Aonghas Ruairidh[9] tùrsach
Giùig air am measg chàich

E tuigsinn an dùrachd[10]
(- E tuigsinn na rùintean)[11]
Bha do thù[12] na bà
Tha Lag Mòr[13] am bliadhna
'S e fo fheur a' fàs
Far an gineadh othaisgean
Ged tha bhò a' cnàmh.

Mur a faigh thu lannsa
Nì thu call san àit
Fàsaidh iad dhiot suarach
'S cha bhi d' dhuais cho àrd
Falbh leis an sgian ghreusachd
A tha beul air cnàmh
An "x-ray" nad phòcaid
Snathad-sheòl is pàm[14]

Chan eil fear 's Na Hearadh
(- Chan eil mac)
Is fheàrr na thu air sgian
Bheir thu 'n t-àl on luchainn
Ged is duilich iad
Nuair a nì thu 'n casad[15]
(- Nuair a gheibh thu 'n gasadh)
Caidlidh iad dhut sìos
'S thèid a t-snathad-sheòl
A-staigh dhan fheòil gun sgiamh.

Purves[16] 's e cho miannach
Air an sgian bho òig'
Nan toireadh tu do mheur dha
Bheireadh e dhìot an dòrn
Chan eil bò no caora
Bhios fo shaothair mhòr
Nach cuir thu an "x-ray" oirr'
'S olc a phàigh i Mhòir[17]

Bidh Na Hearadh dòigheil
'S cha bhi 'n còrr gan call
Bhon a fhuair sinn eòlas
Breith an t-seòrsa thall
Nuair bhios bò ga riasladh
Thèid iad gad iarraidh, 's ann!
Cha bhith guth air Eòghainn[18]
Bhiodh a' chròg nan com.

Bha Iain Dubh[19] a' spìonadh
Shìos mu mhàs na bà
'S e coimhead air fhiaradh[20]
Dhoras Dhia dhan àl[21]
Sen nuair a thuirt Ruairidh[22]
"Thig a-nuas measg chàich
'S mas e sgian bheir uaipe e
Bidh ar duais nas fheàrr".

Mòr air an staran
A' coimhead fo ghruaim
I feitheamh na sgeula
On opairèisean shuas
Chuir iad fios ga h-ionnsaigh
Nach robh chùis ach truagh
'S ann am beagan ùin'
Gum biodh i dùinte suas.

Uilleam[23] 's e ri èibheach
Nach robh fèill air tarbh
Gheàrr e fhèin a sgòrnan
'S thug e bheò air falbh;
E[24] ri taobh a mhàthar,
Chan fheàrr e na dealbh
Chì thu 'n caibeal Mòire[25]
(- Taisgte an caibeal Mòire[26])
Agh is bò is tarbh.

1. *Ball-àbhachd*: Laughing stock / object of mockery.

2. *Lighiche-sprèidh neo-dhreuchdail*: Untrained person doing veterinary work.

3. *Ruairidh*: Roderick MacLennan, Collam, a crofter/shopkeeper, whose alleged attempts at veterinary surgery aroused the poet's muse to song. He was familiarly known as "Ruairidh Beag" and features in other compositions by the poet.

4. *Stitchichean*: Gaelicized version of "stitches".

5. *Ann am blianaich chaoil*: In a meagre, tough or lean carcase.

6. *Na h-iùrain / fiùrain*: Blooming / handsome youths.

7. *Sgrineachan*: Gaelicized version of "screens" .

8. *Go*: Dialectal form of' "gu" (to). This is a prevalent feature throughout the poet's work. We (of the Harris dialect) have the same situation with "gon" (until) instead of "gus".

9. *Aonghas Ruairidh*: Angus MacKay, Collam, Crofter, who had a passionate concern for the wellbeing of livestock.

10. *An dùrachd*: The sincerity, earnestness.

11. *Na rùintean*: The desires, wishes.

12. *Thù*: The word "taobh" is sometimes pronounced "tù" or in the case of lenition "thù" in Harris dialect. Here it is used for phonetic effect and is prevalent throughout the poet's work.

13. *Lag Mòr*: A dell or small glen in Collam where sheep and cattle were put for grazing.

14. *Snàthad-sheòl is pàm*: A needle for stitching sails and a hand protection used for canvas and saddlery stitching.

15. *Nuair a nì thu 'n casad*: When you emit the cough. It may be that the poet is suggesting here that Roderick possessed hypnotic powers in order to embellish the situation further. Otherwise, the poet may be making out that Roderick had the equipment to gas them – another of the poet's subtle exaggerations.

16. *Purves*: Mr Purves was surgeon in Stornoway Hospital at the time. The poet is drawing up an amusing but improbable comparison between the different roles of the surgeon and that of the amateur vet in society.

17. *Mòr*: Mrs MacKinnon, widow of Kenneth MacKinnon, was the person to whom the cow belonged. She was known in the locality as "Banntrach Choinnich Thormoid".

18. *Eòghainn*: Ewen MacDonald, crofter at 7 Cluer, who lived next door to the poet and who received critical and sympathetic mention on occasions in several of the poems. He was known locally as "Eòghainn Bhrancair". It would appear that Ewen, who was of a sociable nature, had a good rapport with the poet although at the same time providing amusing material to whet his muse.

19. *Iain Dubh*: John Morrison, crofter and local resident, who later got a croft at Luskentyre.

20. *Coimhead air fhiaradh*: Looking askew / in a slanting manner.

21. *Dhoras / Rathad Dhia dhan àl*: lit. God's way of bringing the newborn into the world. What the observer saw as the natural process of birth and how the calf would arrive as opposed to Roderick's idea of carrying out an operation. This is part of the poet's ridicule of the situation.

22. *Ruairidh*: Ibid.

23. *Uilleam*: William MacDonld, Stonemason and crofter from Mol na Faobhag, near Cluer.

24. *E* : The male calf that was just born and would be buried with the cow.

25. *Caibeal Mòire*: Mòr had previously lost a heifer (agh) and this was a reference to the private burial area (caibeal) in which the cow and calf would now be buried.

26. *Taisgte an caibeal Mòire*: Buried in Mòr's private burial area.

2. Bliadhna na Mòine Fhliuch

'S i bhiadhna naodh ceud deug agus aon air fhichead (1921) air a bheil Am Bàrd a' bruidhinn anns an òran seo. A rèir beul-aithris bha bhliadhnachan eile ann aig toiseach na linn seo (an fhicheadamh linn) a bha dona gu leòr ach cha robh iad idir an coimeas ri mar a bha an tè seo le droch shìde. Cluinnidh sinn daoine, anns Na Hearadh co-dhiù, a' dèanamh iomradh glè thric air *"bliadhna na mòine fhliuch"* chon an latha an-diugh. Tha daoine ga chleachdadh mar gum b' e seanfhacal a th'ann.

Leis an droch shìde fad na bliadhna cha deachaidh ach glè bheag de mhòine a thiormachadh agus fhaighinn seasgair, suidheachadh a dh'fhàg daoine às aonais connaidh, gu h- àraidh rè a' gheamhraidh a bha rompa. Bha Cliuthar caran iomallach co-dhiù a thaobh mòine a thional agus bha duilgheadas mòr aca riamh faighinn gu àite freag-arrach airson a buain. Dh'fheumadh iad siubhal a-mach astar fada don mhòintich gu àite freagarrach far am faigheadh iad poll-mònadh fhosgladh. Bha aig cuid ri dhol gu eileanan a thional mòine, rud a bha meudachadh na h-obrach. Mar sin 's e rud cudromach dha-rìribh a bh' ann do mhuinntir Chliuthair gu h-àraidh mur bitheadh an t-sìde freagarrach. Chi sinn nach robh Am Bàrd fortanach le obair mòine air a bhliadhna ud idir agus tha e ag innse mu dheidhinn na h- èiginn a dh'adhbhraich seo.

Bliadhna na Mòine Fhliuch

Tha mhòine air mo liathadh
’S mi ’m bliadhna gun fhàd
A’ falbh leis a’ chliabh
Dol ga h-iarraidh ’s gach àit’
Ged dhèanainn a lìonadh
Cha dèan i dhomh blàths
Le reothadh is uisge
Cha bhruich i ’m buntàt’.

Tha lusan a’ mhachair
A’ gabhail mar-thà
Le uisge is droch shìd’
Tha iad sgìth dheth gach là
Nuair thilleas an samhradh
Nì an ceann thoirt an-àird
Gur bòidheach gach lus
Bhios fo dhuilleach a’ fàs.

Mo chridhe ga bhristeadh
Nuair ruigeas mi ’n t-àit’
Mi falbh feadh nan lianan
A’ feuchainn gach fàd
Thug an reothadh orra feusag
Gan cur geur ris an làr (- San cias ris an làr)
Is loch air gach taobh dhiom
Nach dùraig mi shnàmh.

'S ann a chleachd mi bhi 'n cruachan[1]
Bhiodh uabhasach mòr
Le faram[2] is cruas
Tighinn a-nuas mu mo dhòrn
Cha do sheòl i thar chuain
A' toirt gual dhan an stòr[3]
A b' fheàrr leam na cliabh dhith
Son biadh chur air dòigh.

'S mo bheannachd gu bràth
Aig na h-àrmainn bha còir
Thug poca no dhà dhomh
S gum b' àlainn a' mhòin'
Their mise air m' àithne
(- ach ma bhios mi an làrach)
Gum pàigh mi na seòid
Air neò gur e 'm bàs
Nì mo chàradh fon fhòid.

Nuair thèid mi dhan leabaidh
Bi brag air gach tù[4]
'N àm èirigh 's a' mhadainn
A' dalladh mo shùl'
Mi falbh air mo tharsainn
A' coimhead san chùil[5]
A chleachd a bhith làn
Chan eil càil innt' ach smùr[6].

Nuair thig teas anns a' ghrèin
Bheir an èis sin far chàich
(- Is gun tiormaich gach àit')
Ma bhuain iad an t-èile
(- Nuair bhuainear an t-èile)
Bi feum anns gach fàd
Bi mise nam leum
Ruith le clèibh dhachaigh làn
An-diugh dhen tè-chaorach[7]
A tha sgaoilte air an làr.

Tha 'n reothadh gam charadh
'S gam sgaradh gach là
Cha chreid neach fon ghrèin e
Rinn feum dhith mar-thà
Nuair a thèid mi a chèilidh
Bi sèithear fom mhàs
Le cnapan dhan t-sùith
Chuireas m' inntinn-sa ceàrr.

O teichidh am fuaraidh
Nì e nuair sin air ball
A bha steigeadh mo chluasan
Gu cruaidh ri mo cheann
Tha "print" air mo ghualainn[8]
A bhiodh buaidheach aig àm
(- buaidheach = bòidheach)
Ach b' fheàrr leamsa shuas e
Na bhuaile air mo sgall.

1. *Cruachan*: Peat stacks.

2. *Faram*: Loud noise

3. *Stòr*: Refers to the coal store at Tarbert. Apparently, the poet would prefer a bag of peats to that of coal.

4. *Tù*: Again, this dialectal form of 'taobh', used phonetically to suit rhyme.

5. *Cùil*: Recess where the peats were kept.

6. *Smùr*: Peat dross.

7. *Tè-chaorach*: Here the poet is referring to the damaged wet peat that they had not managed to get dry. This was a colloquialism for something that was worthless/useless for purpose.

8. *Tha "print" air mo ghualainn*: There is a tattoo on my shoulder. He saw this tattoo as being attractive when he got it done but it has now become smudged with the passing of time and would prefer it to be covering his bald patch. The poet was not slow in criticizing himself and this is a feature of the character that made him what he was. By doing so, it allowed him ample scope to treat others likewise when the opportunity arose.

3. Laoidh Fhearchair Eòghainn

Seo mar a sheinn Ruairidh Eòghainn[1] an laoidh a rinn Am Bàrd dha bhràthair, Fearchar Eòghainn[2], a chaidh a mharbhadh aig aois naodh bliadhna deug anns A' Chiad Chogadh Mhòr[3] anns an Fhraing. Bha Fearchar anns na Camshronaich[4]. Thachair an aon rud leis an laoidh seo 's mar a thachair le cuid de bhàrdachd eile a bha ann an diofar dhòighean air teipichean agus air a h-aithris aig daoine air leth. Chan eil mi buileach cinnteach gu bheil an laoidh seo ann gu coileanta. Tha Am Bàrd fo mhulad an uair a thàinig naidheachd mu bhàs fir eile air an robh e glè eòlach agus dlùth dha.

Laoidh Fhearchair Eòghainn

Gur toilichte sinne
Bhon rinneadh an tilleadh
Gur toilichte sinne
Bhon thilleadh am blàr
Gur toilichte sinne
Bhon rinneadh an tilleadh
Ged nach leasaichte am fine
Aig duine anns na blàir.

'S iomadh mac bòidheach
San Fhraing air a' chòmhnard
Tha 'n càirdean fo bhròn (- fo leòn)
Agus leòinte air an sgàth
Nach èirich rim beò às
Gon dùisgear iad còmhla (- Gon = Gun)
'S bi Fearchar Beag Eòghainn[5]
San dròbh am measg chàich.

Bha an rann mu dheireadh ri chluinntinn anns an dòigh seo eile:

'S iomadh balach bòidheach
San Fhraing air a' chòmhnard
Tha 'n càirdean glè bhrònach
Is leòinte air an sgàth
Nach fhaicear rim beò
Gon latha dh' èireas iad còmhla
'S bi Fearchar Beag Eòghainn
San dròbh am measg chàich.

Bu mhòr a bha dhùil 'am
Rid fhaicinn san dùthaich
An gàire air do ghnùis
A' tighinn dlùth don A' Bhàrd
Chan fhaigh thu gam ionnsaigh
Bhon dh'fhàillig a' chùis ort
Mo bheannachd a-null
Chon na h-ùir 's bheil thu cnàmh.

'S e dh'fhàg mi cho cianail
Bhith cuimhneachadh d' ìomhaigh
Do ghruaidhean bha brèagha
Agus sgiamhach le càch
Nach fhaic mi gu sìorraidh
Air sàileabh an dìachair[6]
Bha mòr-fhear[7] gur h-iarraidh
(- Le morair[8] gur h-iarraidh)
Chuir ceudan gu bàs.

An "trap"[9] chuir thu[10] 'n òrdugh
Leis an glacadh tu Seòras[11]
A shuidhich thu seòlta
Mus do thòisich am blàr
Chuir thu do bhròg innt'
'S gun dhùin i mun spòig ort
An-diugh anns an Òlaind
Gad leòn leis a' chràdh.

Ach sguiridh an Càisear[12]
Dha innleachdan gleusta
Tha balaich na dhèidh
Chuireas e ann an sàs
Nuair shuidheas na treubhan
'S an cinn chur ri chèile
Bi litir ga leughadh
San phàipear ma bhàs.

Ged dh'fhàg iad thu dhìochuimhn'
Gun fhios dè bu chrìoch dhut
Chan fhàgar le Dia thu
Nuair dh'iarrar thu 'n àird
Gun èirich rod ìomhaigh
Mar chunna' mi riamh thu
Do nàimhdean le fiamh[13]
A' toirt fianais mud bhàs.

Nam bithinn-sa dlùth dhut
Nuair thàrr iad gad ionnsaigh
Le gunna nach diùltadh
Is e ùr na mo làmh
Bhiodh frasadh le fùdar[14]
(- Bhiodh preasadh air fùdar)
Fo bheugaileid rùisgte[15]
Mas faicinn-sa thu rùin
Is do chùl ris an làr.

1. *Ruairidh Eòghainn*: Roderick MacDonald, 7 Cluer, was a lifelong friend and neighbour of the poet. It was directly from the poet himself that Roderick acquired the considerable knowledge of the poetry and local history which he gained over the years. I was fortunate enough to have had met Roderick several times and he made a considerable contribution to my research of the poet's life and poetry.

2. *Fearchar Eòghainn*: Farquhar MacDonald, brother of Roderick and subject of this elegy. The poet used the word "laoidh" for this type of poetry and it was in use colloquially in Harris.

3. *Chiad Chogadh Mòr*: First World War (1914-1918).

4. *Camshronaich*: Queen's Own Cameron Highlanders Regiment.

5. *Fearchar Beag Eòghainn*: Ibid.

6. *Dìachair*: Sorrow, grief,

7. *Mòr-fhear*: Chief leader / one in charge of proceedings.

8. *Morair*: Lord, peer. This may be a reference to parliament (House of Lords).

9. *"Trap"*: Same as the English word "trap".

10. *Thu*: Kaiser Wilhelm, the German ruler and referred to as "tù / thù" in the poem.

11. *Seòras*: King George V., king of Britain at the time.

12. *Càisear*: Kaiser Wilhelm, ibid.

13. *Fiamh*: Could in this case be fear or a smile / snigger of derision.

14. *Frasadh le fùdar*: Shower / discharge of gunpowder. Preasadh air fùdar/pressure from gunpowder igniting.

15. *Fo bheugaileid rùisgte*: Below/under an unsheathed bayonet. This happens in the case of where bayonets are fixed.

The language in the elegy is fairly robust and vengeful throughout although it is tinged with the poet's strong feelings of sorrow and grief for what happened. The poet himself had experienced the horrors of war (Boer War) and it is very likely that it impacted on his trend of thought. It was well known that the loss of servicemen was always a situation which disturbed him considerably. It can be seen that he is not restrained in his manner of dealing with matters of that nature.

4. Òran Cogadh Afraga

Seo an t-òran a rinn Am Bàrd thall ann an Afraga eadar naodh ceud deug agus naodh ceud deug agus a dhà (1900-1902) an nuair a chaidh a thogail suas dhan arm anns na Camshronaich (Queen's Own Cameron Highlanders). Bha a bhàrdachd seo riamh ri faicinn mar fhear dhe na h-òrain bu sgaitiche a rinn e. B' e sin an dara iomairt dhen aimhreit[1] seo; am *"Boer War"* no *"Cogadh Afraga"* mar a bha e air ainmeachadh. Thòisich an trioblaid ann an Afraga na bu tràithe (1899), ged is ann an dèidh sen a chaidh cùisean na bu mhiosa eadar 1900 agus 1902. Chaidh a bhràthair Iomhar[2] a mharbhadh anns a' chòmhstri mus do ràinig Alasdair a-null. Tha ceist dheasbaideach a' nochdadh mun òran seo agus 's e sin: an robh dà òran ann? An do rinn e aon fhear mus do dh'fhàg e son a dhol a-null agus fear eile fhad 's a bha e thall ann an Afraga? Mar a bha cùisean aig an àm a thaobh conaltraidh eadar dhùthchannan, 's dòcha nach robh fios aig Alasdair gun deachaidh a bhràthair a mharbhadh fhad 's a bha e fhèin a' trèanadh ann an Aldershot. Tha briathran an òrain fhèin dà-sheaghach airson na ceist seo fhuasgladh. Co-dhiù, tha sinn a-nis air ar fàgail le aon òran a tha sgairteil dha-rìribh, ged a dh'fheumar aideachadh gur dòcha nach eil e buileach iomlan mar a chaidh a dhèanamh. Chuala mi iomadh uair daoine a' bruidhinn mu dheidhinn an òrain agus bha cuid a' ràdh gun robh suas ri dà fhichead rann ann air fad. Co-dhiù, seo na tha air fhàghail dheth cho fad 's tha fios againn.

Òran Cogadh Afraga

Ochoin o rì
Gur a mi tha muladach
Nach robh mi thall
Anns a' ghleann 's do rugadh mi
Ged 's creagach cruaidh e
Cha d' fhuaireas urram dha
An tìr an fhraoich
Tha na laoich a' fuireach ann.

Aig àm an fhòrlaidh[3]
Gu leòr do dhachaigh dhuibh
Gun d' fhuair sinn pàipear
An "Reserve"[4] gun charachadh
Cha tugadh gèill dha
Bha bhreug cho allabhar[5]
(- bha bhreug cho allaidh[6] ann)
Gun deach a leughadh
Am Beurla Shasannach.

Nuair chaidh a leughadh
Gum b' fheudar aire thoirt dha
Chaidh sinn an "form"[7]
Air òrdan seanailear
Bha dotair, còirnealair,
Oirnn is "adjutant"
Is iad gar rùsgadh
Air cùmhnant Afraga[8]

Nuair chaidh ar rùsgadh
Bu dhiombach balaich dha
Bha leisgeul ùr aig gach cù[9]
Bha gealtach dhiubh
Cuid dhiubh tinn
Agus sgìth trom-airsnealach[10]
An còrr nan truaghain
Fhuair fuachd an Aldershot.

Dh'fhàg siud àsan
Nan tàmh 's deagh aire aca
Is mise a' meàrrsadh
Gach ceàrn de dh'Afraga
Chan fhaigh mi 'm biadh
Càil ach riasladh mhadainnean
'S mur gabh am buaicear[11]
Cha chruadhaich aran dhomh[12]

Cha chuala cluas e
Ged 's cruaidh ri amharc e
A liuthad uaigh
Th' ann am bruaichean Afraga
Gur mòr chùis-smaraintinn
Do dhaoine thèid seachad air
'S mo chridhe sgàineadh!
Mun àit' sna thasgadh iad[13]

Dimàirt a dh'fhàg iad
Bu chràiteach duilich mi
A' caoidh mo bhràthar[14]
'S gach àrmann urramach
A sheòl thar sàil'
Chun na nàmhaid fhuileachdaich
'S a dhol thoirt sìth
Air an tìr[15] nam b' urrainn dhaibh.

'S gur mise tha diombach
Mun chùis a thachair dhut
Gun dh'fhalbh thu null
Le gunna ùr gu batailean
Ma gheibh thu bàs
Cha bhi bràthair agamsa
'S gur lìonmhor àrmainn
Tha cnàmh an Afraga.

Is iomadh laoch
Bha fo fhaobhar Sasannach[16]
Nach toireadh gèill
Don fhear bu trèine an Afraga
Tha an-diugh na shìneadh
'S a' chill nach cairich e
'S cha sguir a' chùis
Gu faigh Crùigear ceannasachd[17].
(- ceannsachadh[18])

Air madainn Sàbaid
Chiad mheàrrs thug mise oirre
Chaidh ar cur an "form"
Le òrdan seanailear
Bha 'n fhuil 's i blàth
Anns na Gàidheil mhisneachail
Is ceòl na pìoba
Toirt inntinn chridheil dhuinn.

Thog sinn oirnn
'S cha do leònadh duine againn
Bha 'n Ti[19] a b' àird'
Cumail sgàil on teine bhuain
Is iomadh Boer
Bha leòinte is crioplach ann
Is anam truagh chaidh a dh'uaigh
Gun chistidh air[20]

Bha iomadh fiadh-bheathach
Riamh an Afraga
Bha leòmhann bheucach
I fhèin ann 's math-ghamhainn
Chan fhaca am Boer
Na leòn na fhearann e
Go faca e 'n Gàidheal
Le èileadh tartain air.

Mi caoidh mo dhùthcha
Ged 's diombach balaich dhith
Far faicte fiadh ruith
Le shia mhath chabaran[21]
An coileach-fraoich air
Gach taobh is plap aige
Am breac 's e leum-dheann[22]
'N ceann gach èib[23] is lannair as.

Ged 's brèagha bòidheach
Le chròic sa bhearradh e
A' ghrìoch ri shròin[24]
'S an laogh òg am falach aic'
Cha till am Boer
Air còmhnard Afraga
Cha toir iad earbs'[25]
Dhan an earb air "seantaraidh"[26]

Bi dùil ri buaidh
Nuair a ghluaiseas Kitchener[27]
Le iomadh còirnealair
Eòlach misneachail
Gum bi na nàimhdean
Gu teann gan crioslachadh[28]
'S a' ruith gu luath
Mas tèid uaigh gun chist' orra.

Tha thusa a Chrùigear[29]
A dhuisg an cogadh seo
A dh'fhàg "Victoria"
Beò gun chrochadh thu
Gheibh thu tìm
Ann am prìosan Bhonapart[30]
An Saint Helena
'S cha dìobair foladh thu[31]

Gur mòr an tàmailt
Gu bràth a dh'Afraga
Bhon fhuair a' bhànrigh[32]
Na h-àit' do chlaigeann-sa[33]
Gach gini òir
Bha do shròn a mhadaidh air[34]
Bhon chaill thu d' ìomhaigh
Cha dèanar tasdan dheth[35]

1. *Den aimhreit seo*: Boer War (1899-1902).

2. *Iomhar*: Edward Ferguson, the poet's older brother who had been conscripted earlier. He was killed in the strife before the poet got over to Africa.

3. *Àm an fhòrlaidh*: Leave of duty. The "Reserve" had to remain on duty in case of further trouble.

4. *"Reserve"*: The soldiers who were engaged under special terms of service and were obligated to remain in that service while hostilities lasted.

5. *Allabhar*: Strange/ wild / savage.

6. *Allaidh*: Strange / terrible / haughty.

7. *An "form"*: Lined-up on parade in formation.

8. *Cùmhnant Afraga*: The covenant or formal agreement under which the British soldiers were enlisted in Africa, while engaged in the Boer War (1899-1902).

9. *Gach cù bha gealtach dhiubh*: Every unworthy person of them who was cowardly / timid.

10. *Trom-airsnealach*: Very weary, sorrowful, dejected.

11. *Mur gabh am buaicear*: Unless the brazier/brasier lights. A brazier is a portable metal receptacle for burning charcoal/coal or any suitable material.

12. *Cha chruadhaich aran dhomh*: Bread will not bake/ toast for me.

13. *Mun àit sna thasgadh iad*: About the place where they were buried /deposited.

14. *A' caoidh mo bhràthar*: Mourning for my brother. The doubt arises here as to where the poet was when he became aware of his brother's death. It also opens the question, already referred to, as to whether two songs were composed and that they later merged into the one which we are left with.

15. *An tìr*: Africa.

16. *Bha fo fhaobhar Sasannach*: That was under the sharp edge of English command / regulations.

17. *Gu faigh Crùigear ceannasachd*: Until Kruger takes over command. This was the threat facing them as the Boers had made several successful attacks over the British forces, some of them devastating.

18. *Gu faigh Crùigear ceannsachadh*: Until Kruger is subdued, which is a more probable option. He was President Paul Kruger, who led the Transvaal Afrikaners in the campaign.

19. *An Tì a b' àird'*: Dia (God)/ the supreme Being.

20. *Gun chistidh air*: Without a coffin covering him.

21. *Le shia mhath chabaran*: With his substantial six-pointed antlers.

22. *Leum-dheann*: Leaping with speed and energy.

23. *An ceann gach èib*: At the head of or inwards part of every bay.

24. *A' ghrìoch ri shròin*: The hind or lean young deer close to him (the stag). Lit. under his nose.

25. *Cha toir iad earbs'*: They won't trust / rely on.

26. *An earb air "seantaraidh"*: The roe-deer on lookout. "Seantaraidh" is the Gaelicised form of "sentry".

27. *Kitchener*: Horatio Herbert Kitchener (1850-1916), was Chief of Staff between 1900-1902 in the second part of The Boer War. He played a key role in Lord Roberts' conquest of the Boer Republicans, then succeeded him as Commander-in-Chief – by which time Boer Forces had taken to guerrilla warfare and British Forces imprisoned Boer civilians in concentration camps. He later became Lord Kitchener.

28. *Gan crioslachadh*: Girding them in tight belts, i.e. subduing them.

29. *Tha thusa a Chrùigear a dhùisg an cogadh seo*: You Kruger are responsible for starting the war. Here the poet is reinforcing his loyalty to the cause he himself is involved in.

30. *Prìosan Bhonapart*: The prison in St Helena where Napoleon was kept when he was conquered.

31. *Cha dìobair foladh thu / dhut*: Hatred will not forsake you. (referring to Kruger)

32. *A' bhànrigh*: Queen Victoria

33. *Na h-àit' do chlaigeann-sa*: Queen Victoria's head had been replaced by Kruger's on coins in South Africa.

34. *Bha do shròn a mhadaidh air*: Your nose / image was on it, i.e.every coin, you scoundrel.

35. *Cha dèanar tasdan dheth*: Not a shilling will be made / gained from it. The poet may be inferring that the African gold guinea ('gini òir') may not be worth a shilling. The poet understood what was going on and at times gives the impression of seeing the proceedings as something that should not be happening. He may well have been questioning the reasoning behind it all.

5. Laoidh Aonghais Mhòir Sheonaidh

B' e Aonghas Mòr Sheonaidh Iain Mhòir[1], Angus Morrison, fear a
bha a' fuireach faisg air A' Bhàrd ann an Cliuthar agus a chaidh a-null
do Chanada aig toiseach na ficheadamh linn far an robh e air a'
Phoileas dhan do rinn Alasdair an laoidh no an cumha seo. Bha a
bhràthair Aonghas Beag còmhla ris anns an aon dreuchd. Fhuair e
air adhart math anns an dreuchd sin agus bha e na sheàirdseant ag
obair ann an gnìomharran cunnartach am measg an t-seòrsa a bha
a' riaghladh an àite mar a thogradh iad fhèin. Cha bhitheadh e ceàrr
a' ràdh gur e lagh a' ghunna a bha cumanta agus a' riaghladh an uair
sin, ged a bha Am Poileas a' dèanamh strì agus spàirn mhòr airson
casg a chur air a' chealgaireachd agus a' chron a bha a' dol air adhart.
Bha deoch-làidir toirmisgte agus mar sin bha mar a chanadh iad
"bootlegging" air bhoil. Bha e ag obair eadar Canada agus Ameireaga
aig an àm agus feumaidh gur ann a' dèiligeadh ri rudeigin mì-laghail
mar sin a chaidh losgadh air. 'S dòcha gu robh eagal aig cuideigin
roimhe do bhrìgh nach leigeadh e cead le rud sam bith nach robh
onarach. 'S e am bun a bh' ann gun deachaidh a mhurt le peileir, a
rèir choltais a-nise leis an fheadhainn a bha ri obair mhì-chneasta. 'S
e an fhios a fhuair a chàirdean gun do chaochail e fhad 's a bha e a'
dol tro opairèisean a chaidh ceàrr; a' sealltainn gun robh an luchd-
riaghlaidh a' falach mar a thachair gu fìrinneach. Tha mi cinnteach
gu robh opairèisean ann gun teagamh ged nach d' fhuair a theaghlach
mòran fiosrachaidh aig an toiseach mar a bha. Dh'fhaodadh e bhith
gun robh cuideigin a' feuchainn ri bròn an teaghlaich a lùghdachadh
le mar a ràinig an teachdaireachd a mhàthair. Tha Am Bàrd a' dèan-
amh a' chumha mar gum b' i màthair Aonghais Mhòir fhèin a tha

a' bruidhinn agus tha sin fhèin a' meudachadh tiamhaidheachd na cùis. Chan eil mise a' smaoineachadh gu bheil mòran ann a b' urrainn am pìos bàrdachd seo a leughadh gun a bhith a' faireachdainn brònach agus spèiseil mun tubaist, ach aig an aon àm a' toirt urram do chomas A' Bhàird leis cho mothachail agus ealanta 's a bha e a' dèiligeadh ri suidheachadh nach robh idir farasta.

Laoidh Aonghais Mhòir Sheonaidh

Nuair a chrìochnaich do thuras[2]
Chaidh fios thugainn gu luath
Le "wireless nan neòil"[3]
Thug na sgeòil do ar cluais
Gum bu duilich led chàirdean
Nuair a thàinig an uair
Thu bhith fada bhod mhàthair
Air do chàradh san uaigh.

Nuair a ràinig an sgeula
Rinn mo lèireadh le cràdh
'S gann gun creidinn e dhaoine
Gun robh 'n saoghal cho ceàrr
Ach tha an Tì a tha riaghladh
'S a' cur crìoch ron a' bhàs
'S fheudar gèill thoirt don chùis sin
Agus ùmhlachd thoirt Dhà[4]

Nam biodh d' uaigh aig an dachaigh
Mar bu mhath leinn gu lèir
'S mi gun ruigeadh an t-àite (- dheidhinn tric chon an àite)
San do chàirear thu fhèin
Bheirinn treiseag[5] a' caoineadh
Airson saorsa dhomh fhèin
'S ged nach togainn on bhàs thu
Cha robh 'n àithn' dhomh a rèir.

Nuair bhios balaich a' bhaile
Dol a-mach 's iad nan treud
Bidh mo chridhe-sa sgàineadh
Mar a dh'fhàg thu mi fhèin
Cha b' e èis[6] no do mhàthair
A dh'fhàg sinn o chèil'
Ach an gealladh bh' ann dhòmhsa
A bhith beò às do dhèidh.

Bu tu taghadh nan gillean
A bha measail aig càch
Bha 'n siud a' fàs suas ann
On a fhuair mi thu ghràidh
Bhon a chuir thu do chùl rium
Shil mo shùilean gu làr
'S goirt an-diugh tha do phòg dhomh
'S nach fhaigh mi 'n còrr dhiubh gu bràth.

Bha d'athair 's do mhàthair
Air an cràdh às do dhèidh
'S iad sàraichte[7] a' rànaich
On là thàinig an sgeul
Tha d' uaigh aig na sùilean
Nach strùileadh[8] nad dhèidh
Bhiodh smaointean do cheutaidh[9]
'S do bhriathran a rèir.

Nuair bhios càch 's iad nan cadal
'S ann bhios m' aire-sa thall
An Ameireaga chràidh mi
Thug am bàs dhomh ron àm
Mi a' smaointean do chàraidh
'S gun do mhàthair na cheann[10]
No neach dhèanadh stàth[11] dhut
Nuair a thàinig an t-àm.

Nuair bhios càch air an cluasaig
'S iad gu suaimhneach nan tàmh
Gur a dubh[12] tha mo chluasan
Bhon a fhuair mi do bhàs
Air an litir tha bhuamsa
A' cur luach air an tàmh[13]
Gus an "cros" i 'n Atlantic
Far 'n do thaisgeadh[14] thu ghràidh.

Ach nan ceadaichte dhòmhsa
Dhol air bhòids'[15] mar dheidheadh càch
'S mi gu falbhadh ann deònach
'S mi air m' leòn le do bhàs
Ged nach ceadaich a' chùis dhomh
Dhol a-null ann gu bràth
Mo bheannachd le dùrachd
Don an ùir 's bheil thu cnàmh.

'S na biodh m' anam 'an Crìosda
'S ann a dh'iarrainn bhi thall
Air mo chàradh san tulach
San do chuir iad thu ann
Leanaidh mise rim mholadh
Nach bi duilich gach àm
Chan fhaigh mi tuilleadh do litir
No fios bhuat a-nall.

Tha d' uaigh air a còmhdach
Aig na h-eòlaich tha thall
Le flùraichean bòidheach
De gach seòrs' tha an gleann
Tha litir an glainne
Ag inns' mar thachair dhut ann
Le opairèisean na dunaidh[16]
Dh'fhàg an dubh air mo cheann.

Opairèisean mo chreiche[17]
A leag thu cho tràth
Dh'fhag mo shùilean a' sileadh
'S mo chridhe air a chràdh
Ged bhiodh tu am Breatainn
An ceann taigh maill' ri bàrd
Cha tillichte a' chrioch (- an cridhe)
A bha tighinn led bhàs.

Dh'iarr thu peann airson sgrìobhadh
Cha robh lighich' leat ann
Son gun dèanadh tu innse
A h-uile nì mar a bh' ann
Ach tha 'n gealladh tighinn dlùth dhomh
Is do chùis a' ruith fann
Nuair a thuig thu na cùisean
Thill thu null thuca am peann.

Nach truagh an sgeula ri aithris
Air balach bha treun
An là dh'fhàg thu do mhàthair
Bu làidir thu fhèin
Thàinig Dia ga do shireadh
'S E na ruith as do dhèidh
Dhùin E d' shùil leis a' ghealladh
Nach deach seachad dhomh fhèin.

82

Cha dèan athair no màthair
No bràthair le caoidh
Gun dùin iad a' bheàrn
Rinn do bhàs a thoirt dhuinn
B' e do ghealladh a ghràidh
An là dh'fhàg thu an tìr
Nach fhaiceadh tu d' mhàthair
Air an làrach seo chaoidh.

Thàinig gealladh gam ionnsaigh
Nach dùinear gu bràth
Siud an gealladh a lùigeadh
Le cùmhnant a' bhàis
Tha mo chridhe air a leòn
Aonghais Mhòir le do bhàs
Nach fhaic mi rim bheò thu
Aig a' bhòrd am measg chàich.

Bhrist thu cridhe do mhàthar
'N latha dh'fhàg thu dhol ann
Thug thu pòg le do ghràdh dhith
'S chrath thu làmh aig an àm
Thuirt thu rithe nam bheò thu
Nach biodh do chòmhnaidh fad thall.
(- Nach biodh do dhàil fada thall)
Cò an cridhe nach leònadh
Cainnt do bheòil 's gun thu ann?

Ach tha mi 'n dòchas à Crìosd
Mar fhear-riaghlaidh na Glòir
Nach caill mi chaoidh d' ìomhaigh
No briathran do bheòil
Tha do dhealbh air a tarraing
'S bidh i agam rim bheò
Ga cur leth ri mo chridhe
'S mi ri sileadh nan deòir.

Nì mi nise co-dhùnadh
A' toirt ùmhlachd dhan bhàs
Oir 's e Dia os ar cionn
Tha gar stiùireadh 's gach ceàrn
Nan biodh fios againn uile
Crìoch ar turais 's an àit'
Bhitheamaid tric air ar glùinean
Dèanamh ùrnaigh son gràis.

1. *Aonghas Mòr Sheonaidh Iain Mhòir*: Angus Morrisonn, Cluer, subject of the elegy.

2. *Nuair a chrìochnaich do thuras*: When you passed away.

3. *"Wireless nan neòil"*: Radio communication. In this case probably telegram or radio would have been the means by which the family heard of the tragic news. His brother Tormod Sheonaidh, Norman Morrison, also living in Cluer, kept constant contact with the authorities in America by telephone regarding his brother's state. This in itself would have been quite an ordeal for the family at the time as few, if any, had telephones to their homes and they had to rely on going to the telephone box at Stockinish Post Office.

4. *Dha*: To God.

5. *Treiseag*: A while. This is the Harris colloquial form of 'greiseag', which is also in use.

6. *Èis*: Want, need.

7. *Sàraichte*: Exhausted/troubled.

8. *Nach strùileadh*: Would not pour or flow but in this case it probably means not to cry. This word is dialectal and corresponds to "sruthadh" of the same meaning.

9. *Do cheutaidh*: Your love/elegance/kindness.

10. *Gun do mhàthair na cheann*: Without your mother arranging it.

11. *Stàth*: Support.

12. *Dubh*: Sad/mournful/melancholy.

13. *Tàmh*: Rest/delay/inactivity.

14. *Do thaisgeadh thu*: Where you were interred.

15. *Bhòids*: Voyage/cruise.

16. *Dunaidh*: Woe, disaster, misfortune.

17. *Mo chreiche*: This is the dialectal form of "mo chrìche" – my ruin/disaster. (See "creach")

6. Laoidh na h-Aoise

Aon latha bha Am Bàrd a' toirt dhachaigh mòine air a dhruim ann an cliabh agus thuit e fon eallach. Thug an tachartas sin air toirt fanear gun robh e a' fàs sean agus nach robh e cho làidir 's cho subailte 's a bha e aig aon àm. An uair a dh'fhalmhaich e an cliabh aig ceann an taighe shuidh e sìos agus thòisich e ris an laoidh seo a chur ri chèile. An seo tha e a' coimhead air ais air a chaitheamh-beatha fhèin ann an dòigh de fhèin-sgrùdadh[1]. Chithear ann an seo eisimpleir mhath dhen mar a bha e aig amannan a' tarraing bho na sgriobtaran agus a' dealbhachadh samhlaidhean cumhachdach asta, cleas anns an robh e sàr-chomasach.

Laoidh na h-Aoise

Bha mi uair cho aotrom
Ris an fhaoileig air a' chuan
Gur tric a bha mi a smaoineachadh
Nach tigeadh m' aois cho luath
Mo cheum an-diugh air fàilligeadh
'S mo chnàmhan air fàs truagh
Le "reumatas"[2] nam ghàirdeanan
Ged bu làidir iad aon uair.

Nuair rinn an òige m' fhàgail
'S mi gu h-àrd air bhàrr a' phòl

Gur tric a bha mi ràitinn
(- Gun robh mi fhèin a' ràitinn)
Gu fanainn 'n àird rim bheò
A' cromadh sìos a tha mi
Gach là a' call mo threòir
Mar sheilcheag madainn shamhraidh
Dol gu fann air bhàrr an fheòir.

Nuair thug an òig' dhan aoise mi
Gur smaointeanach a bha
Thug i falt 's a cheann agam
Is dh'fhàg i sgall na àit'
An còrr nach d' rinn i liathadh dhiom
Cur deuchainn orm gach là
'S chan fhad gu toir an uaigh asam
An dual nach rinn i chnàmh.

Nam faighinn gràs dham anam
'S dhol a-mach mar a dheidheadh càch
Rachainn dhan taigh-leughaidh[3]
A shealltainn meud mo ghràis
(- A chur an cèill mo ghràis)
Nan cuireadh iad a dh'ùrnaigh mi
Gur iomadh sùil bhiodh àrd
Bhiodh monmhar[4] measg an t-sluaigh
"Ach gu dè a bhuail Am Bàrd?"
(- Ach gu dursda bhuail Am Bàrd?)

Theireadh cuid nach b' fhiach mi
Nach robh annam riamh ach plàigh
(- Gun robh mise riamh nam phlàigh)
Gun aithnichear a mo ghnìomharan[5]
(- Gun aithnichear air mo dhiadhachd[6])
Gun robh mi riamh car ceàrr
Ged dheidhinn a'thogail fianais[7]
Bhiodh fiamh orm ron bhàs[8]
Am fear a bha cho cianail rium
Ag innse bhreug do chàch.

Mar is duibhe an cridhe
'S ann is gile e ann an Dia
Nuair thrèigeas tu do pheacaidhean
'S do chleachdaidhean nach fhiach
Taigh d' Athar[9] àite còmhnaidh dhut
'S am bi thu beò gu sìor
Is mairg nach cuireadh eòlas
Air a' ghlòir a th' ann an Crìosd.

Nuair chaidh a' ghrian à sealladh
'S nach tug reul a-mach a ceann
Bha Iosa 's e cho muladach
Is duilich air a' Chrann[10]
Thuirt E "Athair thrèig thu mi!"
Cha do thuig iad fhèin a chainnt
Shaoil iad gur e Elias[11]
A ghlaodh E thighinn a-nall.

Bha Muire 's mnathan àraidh
'S iad a' rànaich tighinn a-nuas
Lìon-aodach[12] far do dh'fhàg E e
'S a' chlach far bhàrr na h-uaigh
Bha duil ac' gur e 'n gàirnealair
Bha starrachd[13] bìdeag bhuap'
Ach 's e a bh' ann An Slànaighear[14]
Air èirigh slàn bhon uaigh.

Thogar suas on talamh E
Bha Athair air a thòir
Far nach claoidh am bàs E
'S nach tèid tàirnean chur tro fheòil[15]
Gun dad ann ach an gràs roimhe
'S E uile làn de ghlòir
'S dh'fhàg E rathad teàrnaidh
Air a' Chrann san dh'fhàg E 'n deò[16]
(- Far an tug E suas A bheò[17])

Ach 's fheàrr dhomh dhol a dh'ùrnaigh
Agus ùmhlachd thoir do Dhia
Tha là mo rèis a' siùbhladh
'S gun diù agam dham ghnìomh
Nuair thèid na mairbh[18] a dhùsgadh
Air cnoc 's iad ruisgte air sliabh
Am fear nach creid ri bheò dhiubh
Cha bhi dhòchas ann an Crìosd.

1. *Fèin-sgrùdadh*: Self-scrutiny

2. *"Reumatas"*: Rheumatism

3. *Taigh-leughaidh*: House of worship. This was not necessarily a church or house but could be an ordinary hall or other suitable premises, improvised for worship where there was no church available.

4. *Monmhar*: Commotion, murmuring.

5. *Mo ghnìomharan*: My deeds/actions.

6. *Mo dhiadhachd*: My godliness.

7. *A thogail fianais*: To give evidence.

8. *Bhiodh fiamh orm ron bhàs*: I would be afraid of death.

9. *Taigh d' Athar*: God's home/ heaven.

10. *Air a' Chrann*: On The Cross.

11. *Elias*: Biblical character.

12. *Lìon-aodach*: Shroud, sheet.

13. *Starrachd*: Taking a walk.

14. *An Slànaighear*: The Saviour.

15. *Rathad teàrnaidh*: Way or means of escaping/ evading trouble.

16. *Air a' Chrann san dh'fhàg E 'n deò*: On the Cross on which He left His last breath.

17. *Far an tug E suas a bheò*: Where He gave up His life.

18. *Na mairbh*: The dead.

7. Òran a' Mhachaire

'S e *"Am Machaire"* a their iad anns Na Hearadh ri taobh siar an eilein far an canar gu bheil an tràigh as deòranta anns na h-Eileanan Siar no ann an àite sam bith eile nam bheachd-sa. Tha seo a' sgaoileadh eadar Losgaintir (Luskentyre) agus An Taobh Tuath (Northton), a' toirt a-steach na sgìrean mar Cràgo, Horgabost, Seileabost, Na Buirgh, Sgarastagh Mhòr agus Sgarastagh Bheag cuideachd. Tha a' cheàrn seo cudromach ann an eachdraidh na Hearadh a thaobh 's mar a bha *"aimhreit an fhearainn"* a' bualadh oirre. 'S e cuspair fharsaing a tha an sin fhèin agus chan eil mi a' dol a dhèiligeadh ris ann an doimhneachd mhòr sam bith. Co-dhiù, bha seanair A' Bhàird, Alasdair Iain mac Alasdair MacFhearghais, a thàinig bho thùs à Hiort, am measg an fheadhainn a chaidh fhuadach don Na Bàigh anns an dàra pàirt den naodhamh linn deug an uair a bhrist an t-uachdaran suas na fearainn agus chaidh fèidh agus cearcan-fraoich a chur an àite dhaoine airson spòrs nan uaislean, an dearbh innleachd a bha a' truailleadh na Gaidhealtachd air fad aig an àm.

Bha cùisean mar seo suas gu ruige na bliadhna naodh ceud deug agus còig deug air fhichead (1935) an uair a cheannaich Am Bòrd (Board of Agriculture) air ais an talamh agus roinn iad a-mach e na fhearainn a-rithist. Bha cuid a' comhairleachadh Alasdair gum bu chòir dha a dhol far an robh a sheanair air a' Mhachaire aig aon àm. Tha e fhèin ag ainmeachadh seo anns an òran agus bha e a' tuigsinn gun robh an talamh ann na b' fheàrr na feannagan mì-thorrach nam Bàgh ach bha e den bheachd nach robh a' bhuanachd a gheibheadh e às làidir gu leòr airson a thàladh ann. Bha e air fàs aosta agus cha robh ùidh mhòr sam bith aige gluasad, mar a thuirt e: *"Nuair thèid an sgrath air muin na h-ùir, chì sibh fearann ùr a' bhàird".*

Tha Am Bàrd an seo a-rithist a' meòrachadh air deireadh a latha a bhith dlùthachadh. Aig an aon àm tha e a' faicinn tairbhe anns Na Bàigh nach biodh aige air a' Mhachaire:

Òran a' Mhachaire

Bu toil leam fhìn, bu toil leam fhìn
Bu toil leam fhìn a dhol dhan àit
Far an robh mo sheanair òg
Air an Iodhlainn Mhòr[1] a' tàmh.

Gu dè tha sen cha tèid mi ann
Tha mo cheann air fàs bàn
Gon tèid mi chiste chaol nam bòrd[2]
Cha bhi m' fhearann mòr measg chàich.

Nuair a thèid mo chur san uaigh
Leud mo ghuaillean gum shàil
Thèid an sgrath air muin na h-ùir
'S chì sibh fearann ùr A' Bhàird.

Nuair a thèid mi gu lìn-mhòr
Iasg gu leòr le buntàt'
Bidh am Macrach[3] fluich go thòin
Le corran toirt a lòn à tràigh.

Cha dèan sìolag a' chùis
Na toirt strùbain[4] à tràigh
Càite a-nis a bheil an t-iasg
'S cha fhreagair an lìon an tràigh[5]

Ged tha 'm Machair brèagh' gu leòr
'S e cho còmhnard ri làr
'S iomadh rud tha gann san stòr[6]
A tha pailt gu leòr sna Bàigh.

Gur e Geodha Crab[7] tha truagh
Bhon a fhuair iad an t- àit'
Far biodh caoraich len cuid uan
Coirce an-diugh am bruaich gach tràigh.

Thèid a' "Chumrag"[8] as a rian
'S e gan iarraidh 's gach àit'
A chleachd a bhith am frìth nam fiadh
'S cha tog iad am bliadhna an t-àl.

Nach iomadh gin a fhuair e ann
A bha chall treis air chàch[9]
Air an deidheadh an cìl às ùr[10]
'S an cur a-staigh ri cùnntas chàich.

Dòmhnall Iain 'ac Dhòmhnaill Òig[11]
'S e cho brònach am measg chàich
Is ma thèid an cù nan còir
Cha till iad rim beò dhan àit'.

'S bhon a mharbh iad na fèidh
Tha rathad rèidh dhan an àit'
Cuid a thèid dhan Tarcla[12] a- null
'S cha bhi Niall[13] 's a chù nan tàmh.

Dòmhnall an Tàilleir[14] cha d' rinn riamh
A chuid iasgaich dhan bhàrd
'S ann a chleachd mi tighinn le pròis
Bhon an eathar mhòr 's i làn.

'S bhon a fhuair mo nàbaidh[15] ann
Cha bhi call aige chàil
Far an cuir e cliabh air tom[16]
(- cliabh air fonn[17])
Bheir e às e trom le làn.

Ach an Tì tha riaghladh shuas
Tha toirt buaidh leis a' bhàs
B' fheàrr gu fàgadh e mi beò
Treiseag ann an lòin nam Bàgh[18]

1. *Iodhlainn Mhòr*: An area near Horgabost where the poet's grandfather, also named Alasdair, had occupied land before being "cleared" like others to the Bays of Harris – in fact, to Strùparsaig as far as he was concerned.

2. *Gon tèid mi chiste chaol nam bòrd*: Until such time as I am placed in the narrow boarded coffin. Here we have the Harris dialectal form of "gon" used instead of "gus an" (until). I think it is important that these forms of dialectal wording should be retained in order to preserve language and culture. It is particularly inherent in the colloquial language in any case.

3. *Macrach*: An inhabitant of the area known as "Am Machaire".

4. *Strùbain*: Cockles. Also written as "srùbain", but here the intrusive 't' of the Harris dialect comes ino play.

5. Cha fhreagair an lìon an traigh: Here the poet points out that the shallow expansive beach of the Machaire is unsuitable for setting nets as opposed to the deeper waters in The Bays.

6. *An stòr*: Provisions store which was set up at the Machaire when the crofters moved back there.

7. *Geodha Crab*: A village in the Bays of Harris.

8. *A' Chumrag*: Nickname for a man from Liceasto who was very much engaged in the tending of sheep. There was an area known as "Crò na Cumraig" in Liceasto where he had a sheepfold.

9. *A bha chall treis air chàch*: Which others had lost over a period.

10. *Cìl as ùr*: New keel marking. "Cìl" was the coloured (mainly blue and red) hardened clay substance put on the wool of sheep for identification purposes. There is an inference here that rustling of sheep was endemic. This suspicion was probably aroused by the doubtful practice of altering the markings on the sheep before they were added to the stock already there. This was done to conceal the alleged thieving activities.

11. *Dòmhnall Iain 'ac (mac) Dhòmhnaill Òig*: Another crofter involved in tending sheep.

12. *Tarcla*: A prominent hill (small mountain) behind Luskentyre used as common-grazing for sheep and cattle.

13. *Niall*: There are two explanations as to the identity of the Neil referred to. The first is that he was Niall Mòr Chleite na Ducha, Neil MacDonald, a crofter in Luskentyre,with whom the poet was very friendly, maybe because he also was an excellent poet. Niall moved to Luskentyre when crofts became available there, ironically after he had served a term of imprisonment in Inverness for his part in land raiding – " reudadh an fhearainn" as it was known.

The second contender to the name is Niall Dhòmhnaill Bhàin, Neil MacLeod, who also acquired a croft in Luskentyre in close proximity to where the other Neil had his.

14. Dòmhnall an Tàillear was from Balallan, Isle of Lewis. He sold herring and special biscuits, mainly used by seamen and fishermen, from a van as he travelled around the villages. My own recollection of the van was that, as very young lads, we dilegently followed it chanting "sgadan grod Dhòmhnaill an Tàiller" - a distraction which I don't think enhanced his profits in any way and also lessened our popularity with him. The poet saw buying fish from the van as something that would not have been necessary when he himself was fishing. To the residents of the "Machaire" it was a necessity as they did not set nets. Because of his intense interest in boats and fishing, this had a big influence on his decisiion not to move from "The Bays" to the "Machaire".

15. *Nàbaidh*: Neighbour. He was Dòmhnall Iain Ruairidh Bhig, Donald John MacLennan, originally from Collam and familiarly known as "Murphy", who moved to Seilebost when land became available. Alasdair realized the abundance of crops that the fertile soil there would yield for his friend but remained unconvinced as he concludes with the final supplication (See Note 18.).

16. *Cliabh air tom*: A creel on a knoll/round hillock.

17. *Cliabh air fonn*: A creel on land/earth.

18. *B' fhearr gu fàgadh E mi beò, treiseag ann an lòin nam Bàgh*: He is imploring the Almighty to leave him alive in the wet bogs where he is in The Bays. "Treiseag" is used in the Harris dialect instead of "greiseag", which has the same meaning.

8. Òran na Bangaid

Seo luinneag bheag èibhinn a' rinn Am Bàrd mu dheidhinn bangaid
a bha ann an Cliuthar. Bha fear à Sgalpaigh air an robh Dòmhnall
mar ainm air tè à Cliuthar a phòsadh agus an uair a rugadh an leanabh
aca chaidh a h-uile duine fhiathachadh chun na bangaid, fasan nach
robh air a bhuileachadh air na fireannaich uile anns Na Hearadh aig
an àm sen idir. Bha na Sgalpaich riamh a' cumail a-mach nach e
Hearaich a bha no a tha annta agus gu dearbh nach sinn a tha air na
fasain annasach fhaighainn bhuapa, gu h-àraidh bhon a chaidh an
drochaid a chur ann. Chan eil mi ach ri fealla-dhà agus feumaidh mi
cumail sàmhach air neo murtaidh Mòrag NicLeòid mi. Co-dhiù, mar
a tha Am Bàrd fhèin ag aithris cha robh e na chleachdadh aigesan a'
dhol gu a leithid seo de chuirm. Mar bha àbhaisteach, tha e a' toirt
iomradh ait air cùisean agus gu h-àraidh air an dol-a-mach a bha aig
a charaid Eòghainn Bhrancair an uair a ghabh esan cus deoch-làidir.
Chan eil sèist an òrain seo air a seinn ach aig an toiseach agus a-rithist
aig an deireadh.

Òran na Bangaid

Sèist:[1]

Mun tùch air mo ghlaodh bidh m' fhallain air dòigh
(bidh m' ealain air dòigh)
Mun tùch air mo ghlaodh bidh m' fhallain air dòigh
Mun tùch air mo ghlaodh bidh m' fhallain air dòigh
Cur tuilleadh ri ceòl na bangaid.

Tha fasan 's a' bhaile nach fhaca mi riamh
A' cruinneachadh bhalach gu drama agus biadh
Cha chluinninn aig Brancair 's gun fhiosam air sìon
Ach: "'N do dh'asaideadh[2] shìos bean Dhòmhnaill?"

'S nuair fhuair e an cuireadh a-mach ghabh e ann
Chaidh car chur san osan is bata na làimh
Ag imlich mu lipean mus deidheadh sgath air chall
'S e a èibheach b' e 'n call a dhòrtadh.

Bha Eòghainn mac Bhrancair cho fada ann an gruaim
Nach deachaidh mi fhìn gun èis chur air sluagh
Bha chridhe ga ghearradh gu faighinn-sa bhuaith'
'S gu dèanainn-sa luath an t-òran.

'S ann thuirt mi 's mi labhairt: "tha 'n rathad dhut 'free'
Thalla na do dheannadh 's gabh drama agus tì
Cha d' chleachd mi bhith maill' riut aig leabaidh bean thinn
No gearradh an ìm leat Eòghainn".

Fhuair mise an cuireadh cho math 's a fhuair càch
(- cho ullamh[3] ri càch)
Airson dhol a dh'amharc air leanabh an àigh
Ach cha robh mi nam chiora[4] gu dhol dha sheòrs' àit'
Gu faicinn a' mhàthair is bròg oirr'[5].

Bha 'n tàillear beag bradach cho carach e fhèin
A' dol dhan taigh-bhìdhe 's e ag èibheach son èisg
Cha robh bàirneach san chladach a dhèanadh dha feum
Ach mu choinneamh na fèist aig Dòmhnall.

Bha Eòghainn mac Bhrancair an siud am measg chàich
Le bobhla de sheasan[6] ga ludradh[7] le spàin
E 'g èibheach : "Nach gabh sibh e fhad 's tha e blàth?
Thug mise dheth chnàmhag[8] 's òl e !"

Fhuair mi an rann mu dheireadh anns an dòigh seo eile:

Chan fhacas mi fhathast aig caithris nam thràill
Le bobhla de sheasan ga ludradh le spàin
Mi faighneachd : "An gabh thu e fhad 's tha e blàth?
Thug mise dheth chnàmhag 's òl e!"

Bha Iain mo charaid cho ealamh 's gach nì
(-Bha Iain mo charaid a' caithris cho grinn)
Le aparan geal a' toirt seachad na tì
Mus tàinig a' mhadainn gun d' ghabh e a' sprì[9]
Chuir goirteas a chinn e chòrnair

Nuair dh'fhalbh e dhachaigh cha b' aithne dha leus[10]
E beatadh[11] an rathaid 's a' tomhais a leud[12]
Fhuair mise e sa mhadainn gun aithne gun chiall[13]
'S e trod ris a' riasg[14] ma bhòrlum[15]

Mun tùch air mo ghlaodh bi m' fhallain air dòigh
Mun tùch air mo ghlaodh bi m' fhallain air dòigh
Mun tùch air mo ghlaodh bi m' fhallain air dòigh
Cur tuilleadh ri ceòl na bangaid.

NOTAICHEAN AGUS FACLAIR:

1. *Sèist*: Chorus - Before my call/voice becomes hoarse, my muse/my art will be organized (in good order), to add to the music of the feast (banquet).
2. *Asaideadh*: Delivery – as in childbirth.
3. *Cho ullamh*: So readily.
4. *Ciora*: Pet lamb.
5. *'S bròg oirr'*: On her feet.
6. *Seasan*: Oatmeal mixed with hot water.
7. *Ludradh*: Mixing, splattering.
8. *Cnàmhag*: Dregs/solids left over or on the top after boiling.
9. *Sprì*: Gaelicized version of word "spree", i.e. a session of overindulgence in drinking.
10. *Cha b'aithne dha leus*: He could not see/ recognize a thing.
11. *Beiteadh an rathaid*: Tacking across the road.
12. *Tomhais a leud*: Measuring its width.
13. *Gun aithne gun chiall*: Without any knowledge (recognition) or sense of what was happening.
14. Riasg: Peat moss, coarse grass.
15. Bòrlum: Sudden bout of vomiting.

9. Rathad Mol nam Faobhag

Seo a t-òran a rinn Am Bàrd aig an àm a bha cuid anns an sgìre a'
dèanamh spàirn airson frith-rathad fhaighinn sìos gu Mol nam
Faobhag. Bha cuid ga iarraidh ach bha cuid eile ann a bha calg-dhìreach
na aghaidh. Cha robh an sgìre torrach a thaobh talamh-àitich co-dhiù
agus 's dòcha gun robh feadhainn a' smaoineachadh gun dèanadh
rathad tron fhearann milleadh air a' bheagan beò-shlaint a bh'aca.
Aig an àm sin cha robh ach frith-ròidean a' ceangal nam bailtean
beaga timcheall Nam Bàgh ach bha Mol nam Faobhag agus Gob Rubh'
Chliuthair cho iomallach nach d' fhuair iad a leithid seo fhèin de
rathad aig an toiseach. 'S beag a bha ghuth air an rathad-mhòr, an
"Golden Road", an uair sin agus tha mi glè chinnteach nan robh neach
sam bith air fàisneachd a dhèanamh mu dheidhinn gun tachradh e,
bha daoine air a' ràdh gun robh e/i glan às a chiall/a ciall. Mar a b'
àbhaist, bha Am Bàrd a' sealltain air a' chùis na dhòigh mheòrachail
fhèin agus a' toirt dhuinn ìomhaigh èibhinn air cuid den luchd-obrach.
'S e suidheachadh mar seo a chòrdadh ris agus a bheireadh dha
cothrom facal no dhà a chur an altan a chèile.

Rathad Mol nam Faobhag

Bha Seumas[1] ag iarraidh
An rathad a dhèanamh
Bha càch 's iad cho cianail
Cha strìochdadh iad dha[2]
Ach nuair thèid litrichean briathrach[3]
A chur air am beulaibh
'S a shuidheas iad sìos
Thèid gach meur chur na h-àit[4]

Bha Murchadh MacLeòid[5] ann
Ag "actaigeadh foreman"
Loidhne na dhòrn
'S bioran mòr air a bhàrr
Ga tarraing cho dìreach
'S ghabhadh i sìneadh
Ged dheidheadh e tron dìg leis
Nì 'n dilleann[6] dha fàl[7]

Sàibhearan[8] bòidheach
Gan cur ann an òrdan
Leacan gu dòigheil
Gan còmhdach an-àird
Bidh uisge nam fuar-bheann
'S a' gheamhradh ruith bhuapa
Is cluinnidh tu fuaim ac'
Cur fuarain dhan t-sàl.

Bha Niall[9] 's e cho diùbhaidh[10]

(- cho diùdidh[11])

Le òrd air gach tù dheth

(- tù = taobh)

Fear eile air a chùlaibh

Agus triùir air a bhàrr

A' tarraing ga ionnsaigh

'S e càradh le dùrachd

An clachair nach dh'ionnsaich[12]

Toirt dùbhlan do chàch[13]

Nuair thèid Niall[14] agus Dòmhnall[15]

A dh'iarraidh na mònadh

Nach iad a bhios leòmach

San còmhnard fon sàil

A chleachd a bhith millte

Tighinn dhachaigh nan slìopain[16]

Bheir seo às an cuimhne

Gach nì mar a bha.

1. *Seumas*: Seumas Thòmais (James MacKinnon, Mol nam Faobhag) was a sailor. The poet mentions "Seumas" at the very beginning of the song as being the person who wanted the road, probably the one who was urging others on to support him in the cause of getting it done.

2. *Cha strìochdadh iad dha*: They would not yield/give in to him.

3. *Litrichean briathrach*: Wordy/verbose letters.

4. *Thèid gach meur chur na h-àit'*: Everything will be fitted into place.

5. *Murchadh Macleòd*: Murchadh Chaluim à Ceann Dìbig (Murdo MacLeod from Ceann Dìbig), was as the poet put it "acting-foreman", a job and performance which he (the poet) looked at with a tinge of amusement. Murdo was well-acquainted with this type of work.

6. *Dilleann*: depth of earth which reached down to the hard core on which the road was built.

7. *Fàl*: Verge of the road.

8. *Sàibhearan*: Culverts.

9. *Niall*: Niall Beag, familiarly known as "Nilleagan", was Neil MacDonald, stone-mason and crofter from Mol nam Faobhag who was one of the gang building the road. The poet sees him as someone who was regarded by his more forward workmates as not having their assumed skills. They came from a different district and, being protective of his neighbourly worker, the observant poet sets about putting matters in a different perspective.

10. *Diùbhaidh*: Worst/object of contempt.

11. *Diùididh*: Bashful, shy, timid.

12. *An clachair nach dh'ionnsaich*: The stonemason who did not have professional training. He was self-taught and noted for building houses and other stonework.

13. *Toirt dùbhlan do chàch*: Challenging the rest. The poet is inferring that Neil, despite his lack of professional training, was every bit as good as those who considered themselves to be better than him.

14. *Niall*: Niall Dhòmhnaill Iain, Neil MacMillan, crofter from Am Mol Bàn, Cliuthar.

15. *Dòmhnall*: Dòmhnall Dhòmhnaill Iain, Donald MacMillan, Am Mol Bàn, brother of Neil.

16. *Nan slìopain*: Thoroughly soaked through.

10. Òran an Dèididh

Anns an òran bheag èibhinn annasach seo tha Am Bàrd a' toirt dhuinn iomradh air cleachdadh a bha a' dol air adhart air feadh nan eileanan siar suas gu meadhan na ficheadamh linn agus na b' fhaide air adhart ann an cuid de sgìrean. Bha fiaclair a' tadhal air ionadan mar sgoiltean bho àm gu àm agus a' dèiligeadh ri daoine aig an robh feum air a sheirbheis. Aig an àm air a bheil e a' bruidhinn, tha e ag ràdh gur ann air an Tairbeart a bha e a' tadhal. Tha mi cinnteach gun do thachair sen na bu tràithe, mus do thòisich am fiaclair a' dol timcheall nam bun-sgoiltean eile anns Na Bàigh (Bays of Harris). Tha deagh chuimhne agam air an dol-a-mach a bh' ann an uair a bha mi nam bhalach beag ann an Sgoil Ghreòsabhaigh an uair a thigeadh am fiaclair mun cuairt. 'S iomadh rud èibhinn a thachair an luib na seirbhis seo agus chan eil e na iongnadh sam bith gun do ghluais seo Alasdair gu rann. Cha robh an uidheam aig fiaclairean an uair sin mar a th' aca an-duigh agus tha Am Bàrd a' cur a bhlas shònraichte fhèin air an t-suidheachadh.

Òran an Dèididh

Ann an toiseach m' òige
Bu shòlasach bha mi
Bha deud[1] agam a dh'fhòghnadh
Do fhear bha beò nam linn
Theann iad a-nis m' fhàgail
Is gràin aca dham aoibh[2]
Tha mi an-diugh mar ghàrradh[3]
Le beàrnaichean[4] ga dhìth.

Tha "dentist" air an Tairbeart
A' falbh airson mo sheòrs'
Tha 'n t-sùil aige cho geur
Ach an iarr mi dhol na chòir
Le leth-chrùn[5] air an fhiacail
Mus cuir e sìon na còir
'S gun toir e grunn gun iarraidh às
Gan spìonadh às an fheòil.

O chionn cheudan bliadhna
Cha chluinnte sìon air cràdh
Aig bodaich ann le fiaclan
Ag ithe iasg 's buntàt'
'S ged gheibhear chun na h-uaghach ac'
A' dhùsgadh suas nan cnàmh[6]
'S ann thigeadh deud cho brèagha a-mach
Gun fhiacail ann air cnàmh.

Ach chì thu an-diugh an òigridh
Is car nam beòil le sgreang[7]
An làmhan ac' mun cluasan
'S nan truaghain coimhead fann
Ma dh'fhàgas e a' chùlag[8] ac'
Cha bhi a' chùis cho trom
'S ann dh'iarras iad an tì thoirt dhaibh
Son sìth a thoirt dhan cheann.

'S ged bheireadh fear bu Ghallda
Gu ceann a thaighe thu fhèin
Is cothrom thoirt don òigridh
Iad an tàrnadh às gu lèir
Bi stamag 's i ga dhiùltadh
'S gun diù ac' na nì feum
Cha ghabh iad ach an cupa dubh[9]
Thug beàrn 'an iomadh tè.

Tha nise biadh nam bùithtean
Toirt ciùrradh dhaibh is cràdh
Le silidh air na h-ùbhlan
An "cure" airson an cnàmh
Ach mur a stad a chùis ud
'S gun tionndaidh cùrs' nas fheàrr
Gun dèan teatha Chocharain[10]
An deamhain anns gach àit'.

1. *Deud*: Set of teeth.
2. *Is gràin aca dham aoibh*: They hate my pleasant/cheerful countenance.
3. *Gàrradh*: Dyke/wall.
4. *Beàrnaichean*: Gaps.
5. *Leth-chrùn*: Half-crown, a former British coin worth twelve and a half new pence.
6. *A' dhùsgadh suas nan cnàmh*: To exhume the skeleton/remains.
7. *Sgreang*: Grimace/wrinkle.
8. *Cùlag*: Molar.
9. *Cupa dubh*: The blameworthy cup of tea, lit. the black cup of tea.
10. *Gun dèan teatha Chocharain an deamhain anns gach àit'*: Cochrane's tea will cause mischief/devilment everywhere. This was a blend of tea used at the time.

11. Òran an "Advance"

B' i an *"Advance"* tè dheth na chiad bhàtaichean-iasgaich air an robh Am Bàrd na fhear-sgioba an uair a chaidh e an sàs anns a t-seòrsa obrach sin gu h-ionadail 's gun e fhathast ach na òigear. Bha i air tè dhen fheadhainn mu dheireadh a bha fo sheòl agus mar sin bha dàimh shònraichte aige rithe. An dèidh mòran deasbaid fhuair an sgioba t-èile air an robh at t-ainm *"Maggie Stewart"* na h-àite agus bha ise fo sheòl cuideachd. Chaidh an *"Advance"* an uair sin a thoirt air tìr agus bha, mar a bha e ag aithris, an t- seann tè a' faicinn seo mar chuilbheart oirrse. Tha e a' dèanamh an òrain mar gum biodh an *"Advance"* a' bruidhinn ris agus i a' gearain carson a bha e riatanach cùisean atharrachadh. Tha briathran an òrain seo a' toirt am follais gu soilleir ùidh mhòr ann am bàtaichean agus an dlùth-cheangladh a bh' aige riutha. Chan eil an t-òran seo ann gu h-iomlan. Tha mi a' ràdh seo a thaobh 's gun cuala mi criomagan mar aon no dà loidhne air leth an siud san seo nach gabhadh cur ri chèile mar rannan. Bha seo a' nochdadh ann an suidheachaidhean eile cuideachd ach chan eil mi air misneachd a chall gu buileach nach gabh leasachadh a dhèanamh orra fhathast.

Òran an "Advance"

'S ann a thuirt an "Advance" rium
Air an acarsaid ud shìos :
"Thug sibh t-èile leibh dhachaigh
Son gu seachnadh sibh mì
Cha tèid tarraig an cluasaig[1]
Nas fhuaighte[2] na mì
Mur b' e Calum[3] bhith deònach
Bhitheamaid còmhla a chaoidh.

Bha a' chiad rann ud ri chluinntinn anns an dòigh seo eile:

Sen nuair thuirt an "Advance" rium
Air an acarsaid ud shios
"Gu dè idir bha nur aire
'S gun do sheachain iad mi
Cha deachaidh tarraig an cluasaig
Na bu fhuaighte na mi
'S mur b' e Calum bhith deònach
Bhitheamaid còmhla a chaoidh.

'S ann a thuirt mi ri Ailig[4]
'S e a b' fhaisge orm fhìn
Dè bha idir nar barail

Gun do sheachain sibh mi?
Nuair a thuig mi an ealdhain[5]
Gun robh "Mhagaidh"[6] san tìr
'S mi a dh'fhuiling gu gruamach
('S ann a ghuil mi gu gruamach)
Air Port-an-Fhuarain[7] leam fhìn.

Thoir mo bheannachd do Dhòmhnall[8]
Am fear is bòidhche san àit'
'S e thuigeadh mo dhòighean
Nuair bithinn a' seòladh measg chàich
On chaill mi comann na h-òige
Iain Mòr[9] is Am Bàrd
Aig an cluinninn na h-òrain
Nuair bhiodh an stòbh agam làn.

'S iomadh prais den cheann-gropaich[10]
Rinn mi chrochadh[11] an-àird
(-Rinn mi sheògadh[12] an-àird)
Trosg agus langa
Rinn mi tharraing à càrn[13]
Tha sibh a-nis a' cur cùl rium
Le tè ùr thoirt dhan àit
Dh'fhàgas daoirse air lìn-mhòra[14]
Nuair thèid an snòd[15] ann an sàs[16]

A rithist bha an rann mu dheireadh ann an dòigh eile:

Ach 's iomadh prais de cheann-gropaich
Rinn mi chrochadh gu àrd
Easgann is langa
Rinn mi aisig air sàl
Tha mi nis cur mo chùl ris
Le tè ùr tighinn nam àit'
Dh' fhàgas daor air lìn-mhòra
Nuair thèid an snòd ann an càrn.

Nuair bhios càch aig an sgadan
A' tighinn dhachaigh 's iad làn
'S ann bhios mise air mo tharraing
Air na sparran[17] an-àird
Le lunnan[18] fom chliathaich
'S mi bhios cianail seach càch
Cha mhòr nach clisg mo chuid ùrlair[19]
A' cluinntinn smùid a' mhuir-làin[20]

Ged is ainmeil san àit' i
Tè ghrànda a' mhàis chaoil
Cha chòrd i gu bràth ribh
Nas fheàrr na mi fhìn
Nuair a dh'fheumas i làithean
Thoirt san t-sàl 's anns a' ghaorr[23]
Gum bi Calum fo àmhghair
Nuair nì mi gàire ri thaobh.

Tha mo chridhe-sa briste
Tha mo chridhe air a leòn
'S mi ri caoidh mo dheagh chriutha
Nach tig an-diugh na mo chòir
'S ged a bha e leam duilich
Cha robh am mulad cho mòr
Chon a faca mi an sgiobair
A' sgaoileadh cliostar de sheòl[24]

Ach tha aon fhear an Cliuthar
A chuireas mise ann an geang
Leis bu tric rinn mi seòladh
Fon a' chòrsa gach àm
Nuair a leagainn mo ghualainn
'S mi fo uallach nan tonn
Gum bu bhinne mo chòmhradh
Na smeòrach nan crann."

1. *Cluasag*: Part of the hull of the boat.
2. *Fuaighte*: Nailed/pegged as done on the timbers of a boat.
3. *Calum*: Calum Dhòmhnaill 'ic Ruairidh, Malcolm MacDonald, one of the crew members on the "Advance".
4. *Ailig*: Another crew member.
5. *Ealdhain*: Trickery. This word was used in the Gairloch dialect and spelt "eallainn", but having the same meaning.
6. *"Mhagaidh"*: The fishing- boat " Maggie Stewart", which the crew purchased to replace the "Advance".
7. *Port an Fhuarain*: The anchorage below the poet's house at 6 Cluer.
8. *Dòmhnall*: Dòmhnall Chaluim, Donald MacDonald, another member of the crew.
9. *Iain Mòr*: John Morrison, another member of the crew.
10. *Ceann-gropaich*: A dish similar to haggis, the chief ingredients being oatmeal and fish liver. This was considered to be a delicacy, a view which I fully endorse.
11. *Chrochadh*: Hung up.
12. *Sheògadh*: Swung to and fro.
13. *Càrn*: A crevice or hollow on the seabed where certain fish and shellfish would rest.
14. *Lìn-mhòra*: The heavy type of fishing-lines (long lines) used for cod, turbot, skate, conger eel (easgann-mhara) and other larger fish.
15. *Snòd*: Snood. Part of the fishing-line, usually made from a different gut type fibre and attached to the hook.
16. *Ann an sàs*: Snagged.
17. *Sparran*: Joists or beams.
18. *Lunnan*: Planks or other lengths of wood put under a boat in order to balance and secure it when it has to be taken ashore or planks over which it is pulled for that purpose.
19. *Ùrlair*: Floorings and bilges, when speaking of boats.
20. *Smùid a' mhuir-làin*: Blowing noise and turbulence caused by the high tide.
21. *Fiùrain*: Blooming/handsome youths.
22. *A' cur siùil ri cruinn àrd*: Setting or adjusting sails to high masts.
23. *Gaorr*: Filth. This refers to debris and silt washed up by turbulent seas.
24. *A' sgaoileadh cliostar de sheòl*: Spreading/loosening a large clumsy sail.

12. Òran an "Try Again"

A' chiad uair a thug Am Bàrd cuairt air falbh chun an iasgaich air A' Chosta an Ear cha robh ann ach gille glè òg agus bha e an urras ri Alasdair Iain Mhòir (Alexander Morrison), iasgair à Cliuthar aig an robh deagh eòlas air an obair agus mar sin aig an robh ùidh ann a bhith a' toirt gach treòrachadh agus comhairle do ghillean òga an àite a bha an dùil leantainn air an dreuchd chunnartach agus chruaidh-chàsach a bha romhpa. 'S e *"Try Again"* an t-ainm a bha air a' bhàta bhon A' Chosta an Ear air an robh iad agus 's ann an uair sinn a rinn Alasdair a' chiad òran mu dheidhinn iasgaich a rinn e riamh. Bha e na chleachdadh aig iasgairean bhon A' Chosta an Iar an uair sin obair a shireadh aig puirt-iasgaich eile air feadh na Gàidhealtachd air fad mur an robh an cothrom ann aig an taigh. A chionn 's gu robh e cho òg agus gun eòlas ro mhath aig Alasdair bochd air cùisean, thug iad dha obair nach do chòrd ris. 'S e bha dèanamh na còcaireachd, obair a bha glè thric air fhàgail aig na gillean gus a faigheadh iad eòlas mar a bha cùisean ag obrachadh air bàt'-iasgaich. Cha deachaidh agam ach grèim fhaighinn air dà rann dheth agus seo iad:

Òran an "Try Again"

Seo a' chiad bhliadhna
Aig an iasgach Ghallach[1] dhomh
'S cha robh mi eòlach
Air ròp a theannachadh
Gun robh gach meòir dhìom
'S gach bòc air prannadh oirr'
Aig làmh duin'–iarainn[2]
B' e 'n t-eun gu tarraing e[3]

'S e seo a' bhliadhna
Gu fiachail bhalach dhaibh[4]
Is mi mun stòbh
Agus m' fheòil is dealt oirre
Aig teine guail
Nuair bu bhuaidhche[5] a ruitheadh i[6]
'S nach cluinntinn càil ach
"Na thràth, bi sgiobalta!"[7]

1. *Iasgach Gallach*: This refers to fishing off the Caithness (Gallaibh) coastline and adjacent area.

2. *Làmh duin'-iarainn*: Part of the windlass on a fishing-boat.

3. *B'e 'n t-eun gu tarraing e*: It was a very capable operator when it came to pulling in nets.

4. *Fiachail bhalach*: Having rank or influence over, i.e. over the younger crew members.

5. *Bhuaidhche*: Variation of 'bhòidhche', in this case meaning movement in a easy-going manner. This is an example of a change in phonetics and orthography to suit rhyme.

6. *A ruitheadh i*: She (the boat) would move smoothly along.

7. *Na thràth bi sgiobalta*: As soon as possible, get moving/be quick.

13. Òran a' Ghlupaid

Seo cuid de na rannan a rinn Am Bàrd aig an àm a bha plàigh glupaid am measg nan caorach anns an sgìre. Aig an aon àm thàinig riaghladh chun nan croitearan bho Bhòrd an Àiteachais, tha mi creidsinn, gum feumadh iad pilichean glupaid[1] a thoirt do na caoraich agus an dupadh[2] dà uair sa bhliadhna; sin tràth anns an t-samhradh agus a-rithist aig deireadh na bliadhna. Dh'fheumadh iad na pilichean a thoirt do na caoraich tràth anns a' bhliadhna airson casg a chur air a' ghalair mus faigheadh e grèim. Mar a chithear anns na rannan seo, cha chanainn gu bheil Alasdair ro chinnteach mu dheidhinn tairbhe na cùise. Bha e a' faicinn dòigh na b' fheàrr agus na bu bhuannachdail airson dèiligeadh ri caoraich a bha sealltainn comharran glupaid agus sen *"an cur tràth dhan t-salainn"*. Tha mi glè chinnteach nach tachradh sen anns an latha an-diugh nam bitheadh fios aig luchd-nan-còtaichean-geala air. Nach mòr an ùpraid a dhèanadh oifigearan na slàinte nam bitheadh daoine ag ithe feòil a thàinig bho bheathach air an robh galair, ged 's dòcha nach biodh i càil nas cunnartaiche na cuid de bhiadh nam bùithtean a th' againn an-dràsta. A bheil daoine cinnteach san latha an-diugh dè tha iad ag ithe - pìos blasda de mhairtfheòil no caob righinn feòla bho ainmhidh eile, no 's dòcha measgachadh de iomadh rud? Cò a chanadh? Chan eil mi ach ri fealla-dhà agus sen an dearbh rud a bha Alasdair a' dèanamh, ged aig an aon àm bha esan a' toirt aithris air mar a bha cleachdaidhean ùr air an sparradh air croitearan; ach cuid dhiubh bha e amharasach mun deidhinn.

Òran a' Ghlupaid

Tha 'n glupad a' togail a chinn
'S e ri strì airson galair
'S iomadh fear le pile Gallda[3]
Na làimh ga thoirt seachad
Ged a bhiodh an ceimist[4] nam broinn
A' riofòighneadh[5] na fala
Tè air an tig am poca tràth[6]
Bheir am bàs leis i as t-earrach.

Ach innsidh mise dhuibh an dràst'
Cainnt nam bàrd a chaidh dhachaigh[7]
A bha eòlach air an sprèidh
'S nach tug gèill don a' cheimist
Nuair a chitheadh iad am bùrn[8]
A tighinn dlùth dhan an amhaich
Cha bhiodh leigheas na b' fheàrr
Na cur tràth dhan an t-salainn.

Tha rud eile air tighinn don àit'
Is beag as fheàrrte fear- fearainn[9]
Dupadh dà uair 's a' bhliadhn'
Nach cualas riamh anns Na Hearadh
Ged bhiodh cuinneag air gach taobh
De "MhacDhùghaill"[10] gan glanadh
Ann an ceann cola-deug
Bhiodh na mialan gan dalladh[11]

'S ann a chleachd mi nam òig'
Bhith air stòl na mo bhalach
Mi a' smùireadh[12] sa chlòimh
Le mo mheòir air a tearradh[13]
Nuair a chithinn a' mhial[14]
Bhiodh mo mheur air a h-amhaich
'S cha deidheadh aice tighinn beò
A-mach às eòlan[15] na smalaig.

1. *Glupad*: Dropsy in the throat, affecting sheep and cattle; resulting from liver and kidney disease.

2. *Dupadh*: Dipping or immersing sheep in a strong mixture of water and a delousing agent.

3. *Pile Gallda*: Reference to the pill, not commonly used in the island at that time but now compulsory and given to sheep in order to either cure or halt the disease.

4. *Ceimist*: Gaelicised version of "chemist".

5. *Riofòighneadh*: Gaelicised version of "refining".

6. *Poca tràth*: Early bag; this refers to the sac which forms under the throat of the sheep as the disease progresses

7. *A chaidh dhachaigh*: Who had passed away.

8. *Am bùrn*: The fluid forming under the sheep's throat, being a symptom of the disease.

9. *Is beag as fheàrrte fear-fearainn*: That is of little benefit to a crofter.

10. *"MacDhùghaill"*: The brand name of the dip (detergent) being used, i.e." MacDougall's Sheep Dip'. This came in a concentrated solution or thicker material which had to be diluted before use.

11. *Bhiodh na mialan gan dalladh*: The lice would be misleading/deceiving them, or alternatively Bidh na mialan air an dalladh - the lice will be overcome / blinded. In the first instance the poet is uncertain as to the effectiveness of the pills and dipping.

12. *Smùireadh*: Smearing the sheep's wool. This word is sometimes seen as "smeuradh".

13. *A tearradh*: Daubed with tar.

14. *Mial*: Sheep louse or tick.

15. *Eòlan na smalaig*: The fish-oil of the saithe/coal-fish.

14. Dà Rann dha Chorraig

Maille ri iomadh rud eile a thaobh iasgaich bha Am Bàrd agus gillean eile anns an àite ag obair air giomaich. Bha iad a' faighinn deiseagan[1] anns na clèibh[2] aig amannan ach cha robh iad gu feum sam bith dhaibh anns an tìm ud. Cha robh fèill orra ann am margaidhean-èisg[3] agus cha ghabhadh càil a dhèanamh ach an tilgeil air ais thar cliathaich a' bhàta. Co-dhiù, bha Alasdair an còmhnaidh ri spòrs agus bha e a' sealltainn do chàch cho làidir 's a bha e le bhith a' prannadh[4] nan deiseagan le dhòrn. Feumaidh gun deachaidh puinnsean air choreigin às na sgligeachan a dh'aon dhe na corragan aige oir dh'at i agus 's e 'm bun a bh' ann gum b' fheudar an sgealbag air an làimh dheis a ghearradh dheth ann an Ospadal Steòrnabhaigh. Cha robh a leithid a rud ri antibiotaigean[5] ann an uair sin agus cha ghabhadh a' chorrag sàbhaladh. Fhad 's a bha dithis bhanaltram à Leòdhas a' glanadh na corraig 's a' cur bann[6]oirre bha iad ri fealla-dhà; ag ràdh ris ma bha e na bhàrd math carson nach dèanadh e òran mun chorraig. Shuidh e suas anns a' bhad agus sheinn e an dà rann seo dhaibh:

Dà Rann dha Chorraig

Aig àm bliadhn' ùr an Steòrnabhagh
Is mi gam leòn le cràdh
Le puinnsean tha sa mheòir agam
'S i 'n còmhnaidh coimhead grànd'
Tha nursaichean à Leòdhas ann
Ga cur air dòigh le bàidh
'S mo chridhe a' dèanamh sòlas riubh'
Gun deidheadh a' mheòir na b' fheàrr.

Ach dè ged gheàrrte air falbh i
Mar a dh'fhalbh far chuid de chàch
Tha còig air aona chròig agam
Cho bòidheach th' anns an "ward"
Tha ceithir eile a' chòrr orm
Gu riofadh[7] sheòl sa bhàt'
Ged tha e duilich sealltainn oirr'
An-diugh tha ceann air cnàmh[8]

Ged nach eil annta seo ach dà cheathramh aotrom aighearach, tha iad mar eisimpleir air mar a bha e cho comasach air faclan a shreathadh ri chèile cho clis. Tha iad cuideachd a' taisbeanadh mar a bha bàtaichean cho dlùth dha chridhe agus gur ann orra a bha a smuain eadhon air an leabaidh anns an ospadal.

1. *Deiseagan*: Velvet crabs.

2. *Clèibh (ghiomach)*: Lobster pots.

3. *Margaidhean-èisg*: Fish-markets.

4. *Prannadh*: pounding, bashing.

5. *Antibiotaigean*: Antibiotics.

6. *Bann*: Bandage.

7. *Riofadh*: Reefing. Method used for adjusting sail attachments and other ropes in a boat.

8. *Cnàmh*: Worn away or shrunk.

15. Òran a' Chogaidh Mhòir

Cha robh cuimhne aig duine sam bith air mòran dhen òran seo agus bha sen mì-fhortanach oir, mar a chuala mi, bha e air ainmeachadh mar fhear dhen fheadhainn a b' fheàrr agus bu mhotha a rinn e. Cha robh air fhàgail ach criomagan de rannan ach dh'fheuch mi rin cur ri chèile mar a b' fheàrr a b' urrainn dhomh. Co-dhiu, gu fortanach agus mu dheireadh thall, choinnich mi ri Panaidh MacLeòid agus thug e dhomh leudachadh mòr air na bh'agam mar-thà. 'S ann bho athair, Dòmhnall Aonghais, nach maireann, às an Sgrot, a fhuair Panaidh fhèin na h-òrain. 'S ann aig toiseach a' Chogaidh Mhòir (First World War, 1914-1918) a rinn Am Bàrd an t-òran seo ach cha robh e fhèin an sàs anns a' chogadh idir oir bha e air tighinn gu aois mhath aig an àm sin, gu dearbha bha e dà fhichead bliadhna agus a còig. Mar sin bha e seachad air an aois a dheidheadh a thogail suas dhan arm. Seo fear dhe na h-òrain annns a bheil e a' cleachdadh briathran làidir na thuairisgeul air a' bhuaireadh. Tha e a' coimhead air iomadh buaidh a tha a leithid seo de lèir-sgrios a' toirt air a' chinne-daonna agus chan eil sen gann. Ghluais suidheachadh mar seo e gu tuilleadh bàrdachd mar laoidhean (cumhachan) mu fheadhainn a chaidh a mharbhadh a dhèanamh.

Òran a' Chogaidh Mhòir

Thàinig creach leis a' bhlàr a chràidh Na Hearadh
A dh'fhàg gach cailleach fo leòn (- fo bhròn)
A' caoidh na bheil uap' a ghluais gu batail
'S gun dùil riuth' dhachaigh rim beò[1]
Cha tòir thusa gu ceann an call a thachras
Na nàimhdean bras orra an tòir
Bhon chaidh sibh a-null[2] b' e dùrachd nan uile
Gun dòirt sibh an fhuil aig na seòid.

Cò chuireadh am blàr[3] ach na h-àrmainn thapaidh
Chaidh àrach an gleannan an fhraoich
A dheoghail a' chìoch len dìol dhen bhainne
Trom beòil ga tharraing gu caomh
Air broillich am màthar dh'àraicheadh balaich
Bha làidir fallain gun ghaoid
'S nì 'n canastair Galld'[4] 's a cheann air a ghearradh
An Sasannach meata rin taobh.

Nuair thèid iad gu "charge" is grànda an sealladh[5]
Gach aon aca a' sgreadail na bheul
A' cumadh an àit' nuair dh'fhàg na curaidh[6]
Bha làidir fuileachdach treun
Le beugaileid rùisgt' gu ùr a' deàlradh
'S a' deàrrsadh geal anns a' ghrèin
A bheireadh a' bhuaidh air cruas an teine
Nuair ghluaiseadh na fine às an dèidh

Ged bhiodh iad car sgìth air pilleadh on bhatal
Bàthte 's acrach gun robh iad gach uair
Nuair a chluicheadh a' phìob dhèanadh inntinnean tilleadh
Airson dhol a-rithist dhan bhuan[7]
'S e seinn an dois mhòir as bòidhche langan
An ceòl as maisiche fuaim
A chuireadh an Càisear fhèin na chabhaig
Nuair chitheadh e sgathair an fhuaidh.[8]

Cha robh saighdear à treubh cho geur ann rinne[9]
An dùil gun toireadh sinn buaidh
Am "Prussian Guard" bha làidir fearail
An t-àrmann anns an robh duais
Chaidh "Highland Brigade" gu gleusta na coinneamh
Le beugaileid fhuilteach dhan chruas[10]
'S dh'fhàg iad na sìneadh dhiubh milltean nan cadal
Nach dùisg gu là an creannaich gach uaigh.[11]

Nuair thig mathan an fhuachd dha bu dual an sneachda
'S a nochdas e steach dhan an dìg
Bi 'n Càisear 's a shluagh fo ghruaim ga amharc
'S e an uair a bhith tabhairt na sìth
Bi marbhadh air sluagh nach cualas fhathast
Le luaidhe agus "shell" a thoir dhuinn[12]
Feumaidh an truagh toirt suas dha ain-deòin
Le duais fear-dathaidh a' chinn.[13]

Teachdaireachd bàis o bhàrr na beinne
A' siubhal mar sheillean le srann
Bheir orra an cinn chumail ìosal am falach
'S gun diù aig "na h-Allies"[14] dhan call
Ach 's daor nì thu phàigheadh mus bàsaich iad uile
'S a gheibh iad do chur ann am faing[15]
Nì deamhan riut gàire 's e sàthadh a dhubhain[16]
'S e ag iarraidh fuil air do cheann.

Bi bristeadh air cnàmhan nach slànaich tuilleadh
Gun misneachd aig dotair nan ceann
Bi 'n Càisear[17] fo uabhas 's a shluagh air am milleadh
'S na cuirp nan laighe gun cheann
Tha mallachd gach màthar air fhàgail mud chlaigeann
Bhon thog thu le ceannairc do cheann,
Gach piuthar bhochd chràiteach gach là is lìon-dubh[18] oirr'
'S a bràthair 'an tulach[19] san Fhraing.

Ged tha thu dhan fhuil rìoghail cho grinn 's a tha 'n Sasainn[20]
Carson chuirinn car na mo bheul[21]
Le mòralachd staoin[22] thug suas do bhratach[24]
(- Le moraltachd staoin[23])
An dùil gum bu ghaisgeach thu fhèin
Gu daor thig i nuas 's tu fo ghruaim ga h-amharc
Cha dùraig dhut sealltainn nad dhèidh
Thèid dathan chur suas rid chluais a mhadaidh[25]!
Is leòmhann mar "fhlag" air gach brèid![26]

Bi Càisear gun chliù an cùil a' falach
Am prìosan glaiste le èis
E leughadh a' Bhìobaill 's a' dìteadh anam
'S gach nì a thachair dha fhèin
Bi bheatha 's a' chlann gu trom air aire
'S na mharbh e a mhnathan leis fhèin[27]
Cuiridh Breatainn gu luath an dual mu amhaich
'S bi An Fhraing ga shadail mun "stage".[28]

Chi sinn anns na rannan ud nàiseantachd A' Bhàird ag èirigh gu làidir an uachdar agus aig an aon àm tha a bhriathran agus a ghnè cànain a' sealltainn dhuinn gu follaiseach cho tuairisgeulach agus cho talmhaidh 's a b' urrainn dha a bhith. Tha e a' dèanamh dìmeas làidir air a' Chàisear (Kaiser Wilhelm) agus tha e coma dè cho suarach 's a bhitheas a' chrìoch a gheibh e. Far a bheil Am Bàrd ag ainmeachadh "thu" agus "riut", 's ann air a' Chàisear a tha e a' bualadh.

1. *Gun dùil riuth' dhachaigh rim beò*: With no hope of seeing them home alive.

2. *A-null*: Going over to (probably France) where the hostilities were raging.

3. *Am blàr*: Into battle.

4. *Canastair Galld'*: Processed milk in tins. The poet is making a mocking or ironic reference here to the English soldiers having been bottle-fed compared to the Highlanders whom he sees as having been breast-fed and sturdier as a consequence. This is where he comes into his own brand of straightforward earthly language at which he excels.

5. *Gu "charge"*: Attacking in battle formation.

6. *A' cumadh an àit' nuair dh'fhàg na curaidh*: Forming/shaping their position in the charge when the warriors/ heroes set out.

7. *Dhan bhuan*: Into the fury of battle.

8. *Sgathair an fhuaidh*: The instrument of dispersing the opposition/foe.

9. *Cho geur ann rinne*: So sharp/eager as us in combat.

10. *Le beugaileid fhuilteach dhan chruas*: Charging with a bloodstained bayonet into the crisis/distress.

11. *An creannich gach uaigh*: Until every grave is shaking/shuddering. This is a dialectal form of the expression. See "crithnich" with the same meaning.

12. *Luaidh agus "shell"*: Lead for gunshot and shells used by the artillery.

13. *Feumaidh an truagh toirt suas dha aindeoin, le duais fear-dathaidh a' chinn*: The poor/pitiful person must give up/submit despite the atrocious conditions with only a worthless reward to be gained for performing an unpleasant task. In Gaelic terminology this is a metaphorical expression, using the circumstances of the person singeing the (sheep's) head as being similar to that of those involved in combat, i.e. the reward, at whatever sufferance, being the same for one and all.

14. *Na h-Allies*: The British Forces and their supporters.

15. *Faing*: Compound, in this case a prison.

16. *Nì deamhain riut gàire 's e sàthadh a dhubhain, 's e ag iarraidh fuil air do cheann*: The devil will smile/sneer to you while he is thrusting his hook and seeking/asking for blood on your head. This is a sarcastic remark aimed at Kaiser Wilhelm, the German ruler, who is facing the indignity of defeat. The poet holds him responsible for all the atrocities that have taken place.

17. *Càisear*: Ibid.

18. *Lìon-dubh*: Black linen, black veil/mourning dress.

19. *Tulach*: Tomb.

20. *Ged tha thu dhan fhuil rìoghail cho grinn 's a tha 'n Sasainn*: Although you are descended from a royal blood which is every bit as fine/artificial as anything in England. This is a derisive reference to the connection between German aristocracy and British royalty. This poses the question as to how the poet really looked at royalty. With his linguistic abibity in Gaelic it can, at times, be difficult to unravel the poet's philosophical views – a matter of "think what you like".

21. *Carson chuirinn car na mo bheul*: Why should I screw my face up/be annoyed.

22. *Le mòralachd staoin*: With a shallow/superficial majesty/greatness.

23. *Le moraltachd staoin*: With a shallow/superficial morality.

24. *Thug suas do bhratach*: That raised your flag/standard.

25. *Thèid dathan chur suas rid chluais a mhadaidh!*: Colours/flags will be raised around your ear (with disregard) you scoundrel!

26. *Is leòmhann mar "fhlag" air gach brèid*: With the lion showing as the flag on every standard or other decorative emblem. He sees this as representing Scotland from his own nationalistic viewpoint.

27. *'S na mharbh e mhnathan leis fhèin*: The number of wives/women he killed from his own country or what he destroyed in the lives of wives/women on both sides.

28. *'S bi An Fhraing ga shadail mun "stage"*: The French will be tossing him about on the stage, i.e. they will be making a mockery of him and deriding him.

16. Òran Shomhairle Peigi

Seo rannan èibhinn a rinn Am Bàrd mu dheidhinn an dol-a-mach a bha e a' cumail a-mach a bh'aig a dheagh charaid Somhairle Peigi (Somhairle MacLeòid), croitear a bha fuireach ri thaobh air croit 8 Cliuthar. Mar is àbhaist tha Am Bàrd a' cur a ghleansa shònraichte fhèin air cùisean. Chì sinn ann an suidheachadh aighearach mar seo, a tha Am Bàrd fhèin a' cruthachadh, cho sàr-chomasach 's a bha e air ìomhaigheachd shoilleir a chur air ar beulaibh. Leis an tàlant a bh' aige, tha e gar tarraing a-steach an luib chùisean agus, air mo shon fhèin, fairichidh mi gu bheil mi an làthair a' gabhail pàirt còmhla riutha agus am measg suidheachaidhean eile dhen t-seòrsa seo air am bi e a' bruidhinn. 'S e àm cudromach dhen bhliadhna a bh' ann dha-rìribh ann an gnìomhachd an daimh agus tha seo fhèin a' cruth-achadh iomadh trioblaid eile. Tha Peigi, màthair Shomhairle, a' cur a' choire air na grìochan airson staid an daimh agus aig an aon àm an sàrachadh a tha seo air a dhèanamh air a mac.

Òran Shomhairle Peigi

An t-eathar a bh' aig Somhairle
Rinn lobhadh anns an t-siaban[1]
Cha ghabhadh iad i an Tarasaigh
Ged a cheannaich Niall i
Nuair chuala mo charaid e
'S ann chaidh e mach ga h-iarraidh
Airson a chur dhan t-sìorraidheachd
Bliadhna ron bhàs.

Ge b' e thog an toiseach i[2]
Bu bheag a bha de thùr ann
Thug e cumadh baraille oirre
'S i cho beag a dh'ùrlar[3] (- Is i cho gann a dh'ùrlair)
Nuair thèid iad dhan an eilean
Thogail choilleagan is rùdhain[4]
(- A ghoid choilleagan is rùdhain)
Cha bheireadh an cù oirr'
A' lùbadh mun Àird.

'S bi Catrìona aig an deireadh
An t-eagal a' cur sgeun innt'[5]
I 'g èibheach ri Somhairle
Gun robh i coimhead fiadhaich
Ise a' ruith on chòrsa[6]
Is cròic ann ri sliasaid
'S e ràitinn gur e lìon
A bha 'm fiadh Choinnich Bhàin.

Bha an rann mu dheireadh ann an dòigh eile:

Bha Catrìona anns an deireadh
'S an t-eagal a' toirt sgeun innt'
'S i a' ràdh ri Somhairle
Gun robh i coimhead fiadhaich
Bha ise a' laighe thairis
Agus cabhadh geal o cliathaich
'S e ràdh gur e an t-eun
Bh' ann am fiadh Choinnich Bhàin.

Nuair chuireas e na "breeches" air
'S a nì e bhriogais-ghlùine
Gur neònach an sgiobair e
An uair shuidheas e ga stiùireadh
Teannaidh e ri feadaireachd
Is an t-eagal air mun chùrsa
(- 'S e teagamhach mun chùrsa)
Cairt-iùil air a ghlùin
(- "Chart" air a ghlùin)
'S bi co-dhiù bodha-làir.[7]

Ach an uair a thig Am Foghar
'S ann siud bhios an ceòl-gàire
Nuair theannas e ri burralaich[8]
Ri langanaich 's ri rànaich[9]
(- Ri dunalaich 's ri rànaich)
Dìridh e na bearraidhean
Ga dhalladh leis an dàmhair[10]
Bi Somhairle air a shàil
Dol an-àird an Druim Mòr.

Bi Peigi anns an doras
I toirt mallachd air na grìochan[11]
Mar mhill iad an gille oirre
'S nach dèan e car am bliadhna
Somhlaire anns an Stocleit
Is poca beag le feur aig'
Ri rud nach gabhadh dèanamh
Bha 'm fiadh air an dàir.[12]

'S ann aige bhios an deannadh
Dol a-mach nan lagan luachrach
A' cumail air Gleann Mhòdail
'S a shròn sinte bhuaidhe
Chan eil gin mun Mhachaire
Nach cruinnich thuige an uair sin
'S an uair a theannas buaireadh[13]
Bi bualadh air cròic.[14]

Ach 's mise tha gu muladach
Is mi gun ghunna am-bliadhna
Ged is pailt an Cliuthar iad
Cha toir iad dhomh iasad
(- Chan fhaigh mi gin air iasad)
Na faighinn-sa air an tulach
(- Na faighinn-sa air an ullachadh)
Is m' uilinn mar bu mhiann leam
Cha chreid mi nach deidheadh crìoch
Chur air fiadh Choinnich Bhàin.

1. *Rinn lobhadh anns an t-siaban*: That rotted in the sea-spray.
2. *Ge b' e thog an toiseach i*: Whoever built her.
3. *Ùrlar*: Depth/draught. This relates to the design of the boat.
4. *Choilleagan is rùdhan*: Small stacks of peat put together in the drying process.
5. *A' cur sgeun innt'*: Making her look excited/as if fear showed in her eyes.
6. *Còrsa*: Dialectal form of "cùrsa" (course).
7. *Bodha-làir*: Submerged reef.
8. *Burralaich*: Mournful and loud cry.
9. *Ri langanaich 's ri rànaich*: Bellowing and crying.
10. *Dàmhair*: Eagerness/keeness at the rutting of deer.
11. *Toirt mallachd air na grìochan*: Cursing the hinds.
12. *Bha 'm fiadh air an dàir*: The deer was in the heat of the rut.
13. *Buaireadh*: Trouble, i.e. the fighting between the stags.
14. *Bualadh air cròic*: The clashing of the antlers.

17. Biast a' Mhachaire

Seo òran mu dheidhinn damh a chaidh a bhàthadh ach gu mì-fhort-anach a-rithist chan eil ach trì rannan air fhàgail dhe na bh'ann. Tha am beagan a th' againn a' toirt dhuinn sealladh èibhinn air mar a chunnaic Am Bàrd a' chùis. Tha e a' cumail a-mach gu robh an fheadhainn a tha air an ainmeachadh a' dèanamh seòrsa de bhùid-searachd air a' chlosaich. 'S e suidheachadh mar seo a chòrdadh ris oir dheidheadh a mhac-meanmna a bhrosnachadh agus bheireadh e dha cothrom airson a thàlant a chur an cèill.

Biast a' Mhachaire

A leithid a latha cha robh riamh ann
Ach an là bha na h-abstoil 's iad cruinn
Peadar is Seumas is Eòin
Agus Pòl cha bu chòir bhith gan dìth
Bha cuid aca leigheas nam bodhar
Cuid eile a' toirt fradharc do dhuill[1]
'S ann mar siud a bha dotair A' Mhachaire
A' leigheas gach neach a bha tinn.

'S bha Rabhag na chabhaig ga gearradh
Bha Ruairidh a mhac am measg chàich
Bha Iain Ean Bhig leis an speal ann
Bha Coinneach ga slaiseadh le tàl
'S gach uair a bhuaileadh a' bhuille oirre
Leumadh An Cluichean[2] an-àird
'S e ràdh nach robh dh'fhaobhar am Breatainn[3]
Na ghearradh an t-seich' bh' air a' phlàigh.

An uair thàinig Iain Beag dhachaigh
Bha dùil gum biodh "Lexy" air dòigh
'S thòisich e suathadh na h-acfhainn[4]
Ri cois a bha euslaint bho h-òig'
Ach innsidh mise mo bharail
'S cha bhi mi ri fanaid no ceòl
Cha tàinig e riamh chon na tràghad
Na shìneadh a sàil às a' bhròig.

NOTACHEAN AGUS FACLAIR:

1. *Duill*: Blind people.
2. *An Cluichean*: Dòmhnall Iain Sheonaidh Bhig, Donald John MacDonald from Cluer.
3. *'S e ràdh nach robh dh'fhaobhar am Breatainn*: Him saying that there was not enough sharp instruments/tools in Britain.
4. *Achfhainn*: Ointment.

18. Cuilean an Àigh

Seo trì rannan a tha air fhàgail de dh'òran mu dheidhinn cuilean a bh' aige. Bhàsaich an cuilean agus ged a bha e ga ionndrainn mar a chithear anns a' chiad dà rann, tha e mar is àbhaist a' cur dreach caran èibhinn air a' chùis anns an treas rann. Chì sinn mar a bha bàrd mar esan a' lughdachadh rudan trom-inntinneach le toirt beagan fealla-dhà a-steach dhan chùis. Tha e a' ràdh gun robh Uilleam a charaid a' saorsainneachd le locair a' dèanamh ciste no bòsdan[1] dhan chuilean agus na deòir a' ruith bho shùilean. Bha fios aige gu feumadh iad an cuilean a thiodhlacadh. A bharrachd air a sen tha e a' radh gun deachaidh lèine le Uilleam a chur air a' chuilean mar mharbhphaisg. An gabh a leithid seo a chreidsinn?

Cuilean an Àigh

Am balach a bh' agam
A' dol gu taigh Chaluim[2]
Chan fhacas a shamhail
B' e balach an àigh
Na laighe gu dòigheil
'S a smuig air a spògan
Chan iarraidh e 'n còrr
Ach a shròn bhi rim shàil.

Nuair bhios mi dol dhachaigh
'S a chì mi san chlais e
Bi dhruim agus fhaileas
'S a chlaigeann an-àird
Gun saoil mi an uair sin
Gum bu chòir dha bhi gluasad
'S e peacach gun truas
A thug uam e cho tràth.

Tha Uilleam[3] cho brònach
A' dèanamh an òrdain
(- A' dèanamh a' bhòsdain)
Le locair na dhòrn
Sileadh dheòir chon an làir
Nuair gheibhear e ullamh
'S a chur ann an cumadh
Thèid lèine le Uilleam
Air cuilean an àigh.

NOTAICHEAN AGUS FACLAIR:

1. *Bòsdan*: Small coffin. This was the name used for a child's coffin.
2. *Calum*: Calum Dhòmhaill 'ic Ruairidh (Malcolm MacDonald, Crofter from Cluer Point).
3. *Uilleam*: Uilleam Mac Ean 'ic Uilleam (William MacLeod) who lived with the poet for a time. The poet infers that the order for the coffin had been specially made for William to carry out despite his state of sorrow and mourning.

19. Cion an Tombaca

Bha Am Bàrd glè dhèidheil air smoc às a' phìob tombaca agus cha bhitheadh e air a dhòigh idir mur a bitheadh tombaca aige. Bha e fhèin agus bràithear mo sheanar, Niall MacAmhlaidh, Clachair, à Greòsabhagh, a bha aithnichte aig muinntir na sgìre mar *"An Ceilean"* gu mòr aig a chèile. Bha an aon ùidh aca ann an iasgach agus chan eil fios agam idir cò bu mhiosa le droch-nàdar aig amannan nach bitheadh tombaca aca. Bhitheadh Alasdair a' tadhal a chèilidh air Niall agus, mar a chuala mi bho m' athair, 's iomadh stuth neònach mar teatha air a measgachadh le copagan tioram agus luithean eile a dh'fheuch iad ri smocadh an uair nach biodh tombaca aca. Chuala mi cuideachd gun do fheuch iad pìosan de lìon-sgadain a bha iad air a ghearradh na chriomagan a smocadh anns a' phìob. Bha Niall ag innse dham athair aon uair gur e ròp-teàrrta[1] an rud cho uabhasach 's a chuir e riamh ann am pìob airson a smocadh. Co-dhiù, cha do chaochail e gus an robh e timcheall air ceithir fichead agus seachd no ochd bliadhna a dh'aois. Chan eil mise ag iarraidh air duine sam bith na cleasan aca fheuchainn. Chì sinn anns an sgealb bheag seo a mhair dhan òran gun robh Am Bàrd aig ìre èiginneach le cion tombaca an uair a tha e a' bruidhinn an seo.

Cion an Tombaca

Sèist:

O nach robh agam eireag
Ràcan, tunnag agus coileach
O nach robh agam eireag
'S beag bhiodh oirre a chion an t-sìl.

Fhuair mi ugh eile o Mhàiri
Bu mhath a chliath Dòmhnall Bàn e
Chuir e ceann buidhe bàn air
'S a' mhàg mhàg aige cho binn.

'S ged bu nàrach m' eireag fheuchainn
B' fheudar dhòmhsa dhol dha dhèanamh
Nuair a bhithinn às mo rian
'S gun agam sìon a dheidheadh dhan phìob.

Tha an t-sèist air a gabhail aig deireadh an dà rann.

20. Òran Eòghainn Bhrancair

Seo òran eile nach eil ann ach glè bheag dheth air fhàgail agus tha sen mì-fhortanach oir tha Am Bàrd a' toirt aithris air cùisean a tha a' cur dragh air. Ged nach toil leis na nithean cudromach a tha e a' faicinn, tha e ga chur ann an dòigh a tha falach cò air a tha e a-mach agus aig an aon àm tha e a' cur a bhlas mhothachail fhèin air. Tha e a' cur dreach èibhinn air ann an dòigh cuideachd le bhith a' toirt a charaid Eòghainn a-steach an luib na cùise seo mar a tha e aige ann an òrain eile.

Òran Eòghainn Bhrancair

Theann Eòghainn rium ag èibheach
Gun robh an sprèidh a' bàsachadh
Thuirt mi fhìn ris 's math an t-àm
Chan eil cus call an-dràsta annta
Saill baraille dhan chloinn
'S ged nach d' rinn thu càl a chur
Tom copag air a t-sùgh[1] (- Taom copag)
'S chan aithnich sùil nach càl a th' ann.

Gur e Eòghainn a bhios leòmach
Fhad 's bhios feòil 's buntàta aige
Bi màthair nan cuiseag a' snìomh
Cha toir i biadh do phàisdean bochd
Chan iongnadh ged a chitheadh i fuath[2]
A' cuachail fon an àrd-doras
'S i dèanamh ainnis[3] mhòr gun dìth
Air dilleachdain gun mhàthair ac'.

Chan eil a leithid anns an dùthaich
Chaidh a cliù don Phàrlamaid
Gur ann oirre th' an aogais neònach
Dath an fheòir a' fàs oirre
'S mura cluinn mi fuaim a brògan
Bi mi 'n còmhnaidh 's spàirn orm
Mi nam ruith a' teiche bhuaipe
An àite an t-sluaigh tha bàsachadh.

'S iomadh galair tha san t-saoghal (- dùthaich)
'S chan i a' chaora as fheàrr aca
Nuair a thrèigeas i an fheòil
'S nach bi ach clòimh is cnàmhan oirre
An tè a thuiteas dhan a' bhùrn
Le cion an liùths cha shnàmh i às
'S tu ga h-iarraidh leis a' chù
'S cha dèan an rùsg a thàrrsainn air[4].

144

1. *Tilg copag air an t-sùgh*: Throw a docken into the soup (as an alternative ingredient to cabbage).

   Taom copag air an t-sùgh: Pour out/throw a docken on the soup.

2. *Fuath*: Unfriendly, alien.

3. *Ainnis*: need, poverty.

4. *Cha dèan an rùsg a thàrrsainn air*: The fleece will not be pulled over/covering it. From Dàin Iain Ghobha "tàrr" is used in the same manner as "tarraing" (pulling) and there is no doubt that the Cluer poet was using the same language as he was, although maybe in a different vein at times.

21. Crùigear agus Cogadh Afraga

Seo òran sunndach le spionnadh math, a tha mi cinnteach a rinn Am Bàrd aig toiseach na h-aimhreit an uair a chaidh e a-null gu Afraga. Rinn e òran eile mun chogadh seo a tha aig aireamh 4 air a' chlàr-innse. Tha an ruitheam a th' ann coltach ri òrain a bhitheadh saighdearan a' cleachdadh an uair a bha iad a' mèarrsadh agus gu dearbh chuala mi an aon fhonn aig boireannaich air òran luaidh agus 's dòcha gur e seo fhèin an t-òran a bh' aca. Feumar a leithid seo a bhàrdachd a leughadh agus a sheinn ann an dòigh a tha freagarrach airson leantainn ri ruitheam agus meatair air neo chan eil faireachdainn dòigheil a' tighinn dhith. Feumaidh an strèan a bhith anns an àite cheart.

Crùigear agus Cogadh Afraga

Sèist:
Sna he ho rì horo han
Horo chall èille
Sna he ho rì horo han
Horo chall èille.

Bha buille aig an druma
Mar a chluicheadh na pìoban
Sna he ho rì horo han
Horo chall èille.

An dèidh ar mèarrsadh chon an stèisean
Chaidh a leughadh dhuinn fhìn ann
Sna he ho rì horo han
Horo chall èille.

An robh am bàta a' tighinn
(- Bha am bàta a' tighinn)
Air bhàrr nan tonn ghlè-gheal
Sna he ho rì horo han
Horo chall èille.

Air bhàrr nan tonn uaine
Nigheadh guailnean 's a rèile
Sna he ho rì horo han
Horo chall èille.

Le gillean an fhèilidh
'S iad nach fhaighneachd cà 'n tèid iad
Sna he ho rì horo han
Horo chall èille.

'S iad nach fhaighneachd le tàire
"A bheil an nàmhaid làn treuntais?"
Sna he ho rì horo han
Horo chall èille.

Ach nam faighinn mo dhùrachd
Gum biodh Crùigear na èiginn
Sna he ho rì horo han
Horo chall èille.

A' nursadh a chinn an Sasainn
'S a chasan ann an Èirinn
Sna he ho rì horo han
Horo chall èille.

Guth binn aig na fithich
Toirt a mhionaich às a chèile
Sna he ho rì horo han
Horo chall èille.

'S roinn bheag aig an ròcais
Dol an còmhdhail na bèiste
Sna he ho rì horo han
Horo chall èille.

22. Òran Fèin-agartais

Mar a tha an tiotal a chaidh a chur air na rannan seo ag ràdh, tha Am Bàrd air ais a-rithist ann am modh fèin-agartais[1].Tha e tòiseachadh glè ghruamach ach tha seo a' sìoladh air falbh mar a tha e a' dol air adhart. Tha e a' crìochnachadh ann an sunnd nas fheàrr le beagan dòchais na chridhe.

Òran Fèin-agartais

Rinn an òige mise fhàgail
Is thàinig an aois
Thug i m' falt às mo chlaigeann
Is gheal i mo mhaoil
Tha mo chraiceann air preasadh
(- Tha m' aodann air preasadh)
Na chuis-eagail le daoin'
Thèid na maighdeannan seachad
(- thèid na caileagan seachad)
'S car nan amhaich rim thaobh.

Fhuair mi treiseag a dh'òige
Cha bu mhòr rinn mi stàth
Gur a mise bha gòrach
Nach do phòs mi mar-thà
Nuair thig eagal is galair
'S mi ri casad sa Mhàirt

Is bean ùr-cheann le caise[2]
Nach tuigeadh braise mo bhàis.

An sin pillidh an òige
'S thig mi beò na mo ghràs
Nì mi 'n triùir aca òrdachadh
Dhan stòr nach eil làn
Far bheil àirneis tha neònach
De gach seòrsa ri tàmh
'S ged bhiodh e làn chon na còmhla
Gun toir Dòmhnall dhaibh àit'.

Ach tha mise ann an dòchas
Gu faigh mi tròcair na thràth
'S nach bi aon neach gam threòrachadh
A' dol an còmhdhail a' bhàis
Ach deas-laimh Iehòbhah
Gam bios beò[3] air A ghràs
Ged bhiodh mo chorp anns an uaigh
Gum biodh m' anam shuas am measg chàich.

NOTAICHEAN AGUS FACLAIR:

1. *Fèin-agartais*: Remorse/self-reproach.
2. *Is bean ùr-cheann le caise nach tuigeadh braise mo bhàis*: A newly acquired short-tempered wife with new ideas who would not understand the rashness/ imminence of my death.
3. *Gam bios beò air A ghràs*: To whom life will be manifest on account of His grace.

23. Mar Chuir Iad na Mo Bhreislich Mi
- An Tarbh a Chaidh a Bhàthadh

Bha e mar chleachdadh aig croitearan Ghreòsabhaigh, Chollaim agus Chliuthair an aon tarbh a bhith aca agus bhitheadh iad ga ghluasad latha às dèidh latha chon an ath chroit fad an t-seusain a bha feum air. An uair a bhitheadh seusan obrach an tairbh seachad bha iad aig amannan ga chur air falbh gu eilean mar Na h-Eileanan Mòra (Shiant Isles) airson geamhrachaidh. 'S e an dòigh còmhdhail a bh' aca gun robh iad ga cheangal ri claigeann-deiridh an eathair agus ga shlaodadh. Dh'fheumadh iad feuchainn aig an aon àm ceann an tairbh a chumail gun a dhol fodha, rud nach robh idir farasta. Mar a chula mise an stòiridh cha robh an latha a thachair seo fàbharach le droch onfhadh agus gaoth. Dh'adhbhraich sen gun robh an tarbh a' slugadh cus sàil agus chaidh a bhàthadh. Dh'fulaing an fheadhainn a bha an sàs anns a' ghniomh tarraing às sgaiteach thar bhliadhnachan agus, mar a bha an dàn, cò a bha an làthair air an latha ach Bàrd Chliuthair. Tha mi cinnteach gun do tharraing an deasachadh a bh' ann airson an tarbh a thoirt air falbh grunnan a bhitheadh faighneachail mun chùis. Gu mì-fhortanach chan eil an t-òran ann air fad ach seo pàirt bheag dhe ag innse mar a chaidh leotha.

Mar bu dual dha, tha Am Bàrd a' dèanamh an òrain seo mar gur e an tarbh a tha a' bruidhinn :

Mar Chuir Iad na Mo Bhreislich Mi

Sèist:

Mar chuir iad na mo bhreislich mi
'S gun aoin ach tighinn gam theistigeadh[1]
Mar chuir iad na mo bhreislich mi

Gur a mise a bh' air cion uallaich
(- bh' air bheag uallaich)
Ag ithe shuas ri taobh nam bruaichean
Gus an tàining Murchadh Ruadh
'S ann ruag e chon an eathair mi

Mar chuir iad na mo bhreislich mi.

Murchadh Ruadh[2] 's e falbh mar diùc
Le briogais bhàn is "sparts"[3] go ghlùinean
Tha e cho eòlach air gach brùid
Ri Seonaidh Stiùbhart Easaigh[4]

Mar chuir iad na mo bhreislich mi.

An Rabhag Bheag[5] is fiamh a' ghàire air
Nuair chunnaic e mi is mi bàite
"Nì e feum am measg a' chàil
Ma gheibh iad tràth an t-seiche dheth"[6]

Mar chuir iad na mo bhreislich mi.

1. *'S gun aoin ach tighinn gam theistigeadh*: Without warning/agreement of coming to scrutinize/ attend to me. They were preparing to take the bull away to the island for wintering.

2. *Murchadh Ruadh*: Murdo Fraser, crofter, 4 Grosebay, who is seen to have been the leader of this expedition. He also played an important role in the community as he also spent a large part of his working life as gaffer on the repair of the roads, which also allowed him an air of authority.

3. *'Sparts'*: Spats, being a style of gaiters seen as the sartorial attire of the well-heeled, but also used in a different form and fashion by some in manual labour. This short record of the mishap in verse exemplifies the poet's acute manipulation of symbolism in a satirical vein.

4. *Seonaidh Stiùbhart Easaigh*: John Stewart of Ensay, was the laird/landowner there at the time. The comparison of his knowledge of stock with that of Murdo's is a bit of ridicule.

5. *Rabhag Bheag*: He was the father of Roderick MacLennan, a Crofter from Collam, who featured in the satire "Opairèisean Ruairidh" listed at number 1 in this collection.

6. *Nì e feum am measg a' chàil ma gheibh iad tràth a t-seiche dheth*: He (the bull) will be useful along with the cabbage, if they manage to remove the hide at the earliest. These words are spoken by "An Rabhag Bheag" who apparently relishes the thought of having the poor animal butchered and later prepared for cooking.

24. An Damh a Chaidh a Bhàthadh

Chan eil an seo ach luinneag bheag aotrom mu dheidhinn damh a
chaidh a bhàthadh. Tha Am Bàrd a' cur a dhreach èibhinn fhèin air
mar a bha an fheadhainn a bha an làthair ga fheannadh. Bha e an
còmhnaidh deiseil airson rann no dhà a chur ri chèile ma bha tubaist-
ean mar seo ann a ghluaiseadh a mhac-meanmna, gu h-àraidh ma
bha e eòlach air na daoine.

An Damh a Chaidh a Bhàthadh

Sèist:
'S b' eireachdail a' bhrùid a bh' ann
Nam biodh e beò bhiodh bùirean aig'
'S b' eireachdail a' bhrùid a bh' ann.

Seabhag bheag is i mar b' àbhaist
Ag itealaich aig pìos a dh'àirde
Chunnaic i an damh 's e bàite
Mus d' rinn càch an sùilean dheth.[1]

'S b' eireachdail a' bhrùid a bh' ann.

Siud far 'n robh an t-ainmhidh bòidheach
Fear chaidh bhiathadh 'n Manitòba[2]
Tiogaid iarainn leis an òrdan
Ag innse meud na cùnntais bh' ann.

'S b' eireachdail a' bhrùid a bh' ann.

Do MhacMhaoilein[3] sgian mar lannsa
A' gearradh aig earball a' ghamhna
Do mhac Ruairidh aig a' cheann
A' feannadh nall a chùlagan[4]

'S b' eireachdail a' bhrùid a bh'ann.

Seonaidh Ean Mhòir[5] is e fo uallach (- Iain Mhòir)
Nach dèanadh e 'n damh a bhuannachd
Starrag a' piocadh ma chluasan
'S fionnadh ruadh a' smùideadh às.

'S b' eireachdail a' bhrùid a bh' ann
Nam biodh e beò bhiodh bùirean aig'
'S b' eireachdail a' bhrùid a bh'ann.

NOTAICHEAN AGUS FACLAIR:

1. *Mus d' rinn càch an sùilean dheth*: Before others noticed him.

2. *Manitòba*: Was the poet inferring here that the stag had been reared in Manitoba and having suffered an unfortunate fate, had been driven by currents across the Atlantic and washed ashore in Harris? It would seem unlikely but you would never know what the poet might have conjured up when his muse was aroused.

3. *MacMhaoilein*: In all probability this would have been Neil MacMillan, Mol Bàn, Cliuthar.

4. *A' feannadh nall a chlùlagan*: Hacking/flaying across at his molars.

5. *Seonaidh Iain Mhòir*: John Morrison, Crofter from Cluer, who was the father of "Aonghas Mòr" - the subject of "Laoidh Aonghais Mhòir Sheonaidh" listed in this collection at number 5.

25. Duanag mu Fhasan

Duanag bheag èibhinn a-rithist mu dheidhinn ad a fhuair Alasdair bho nìghneag air choreigin. Cha d' thuirt e cò i ach feumaidh gun robh i ag iarraidh a sgeadachadh suas mar a tha e fhèin a' cumail a-mach. Tha e a' toirt iomradh air tè a bhitheas anns a t-searmon cuideachd ach tha e leigeil fhaicinn nach eil iad ro chàirdeil idir. 'S dòcha gur i sin an tè a chuir an ad thuige. Tha e a' cur am follais an seo nach urrainn neach sam bith feuchainn ri a char a thoirt às a' bhàrd agus faighinn dheth leis.

Duanag mu Fhasan

Mo bheannachd chon na nighinne
A dheasaich mu mo cheann-sa
Chuir i ad gam ionnsaigh
A dh'fhasan ùr na Galltachd
Chan fhaic thu gin an Cliuthar dhiubh
'S tha h-uile fear an geall oirr'
Gun deidhinn mach mar mhinistear
Mur b' e mo chridhe meallta.

Nuair chuireas mise an ad orm
'S mo lèine gheal dhan t-searmon
'S a shuidheas mi air suidheachan
Bi gillean rium a' farmad
Ma bheir mise bruthadh air[1]
Is ise air cumadh beana-cheàird[2]
Ma thogas mi mo chorrag ri
Gu leig i boc air falbh aist'.

NOTAICHEAN AGUS FACLAIR:

1. *Ma bheir mise bruthadh air*: If I make a show/ display of it.
2. *Is ise air cumadh beana-cheàird*: With her having the shape/appearance of a woman of the tinker people.

26. Òran na "Maggie Stewart"

Seo òran eile mu dheidhinn bàta agus iasgach agus tha mi glè chinnt-
each gu bheil an leughadair air a thuigsinn mar-thà cho dealasach
's a bha Am Bàrd a thaobh na h-obrach sin. B' i *"Maggie Stewart"* a
tè a fhuair an criutha an àite na tè air an robh an t-ainm *"Advance"*
agus tha an t-òran a rinn e mu deidhinn na tè sin againn fon àireamh
11 de chlàr-innse nan òran aig an toiseach. Bha am *"Maggie Stewart"*
fo sheòl[1] cuideachd. An seo a-rithist tha am bàta a' bruidhinn ris,
cleas anabarrach freagarrach agus èifeachdach a bh' aige ann a bhith
a' foillseachadh na stòiridh.

Òran na "Maggie Stewart"

'S thuirt "A' Mhagaidh" an-dè rium:
"Cha tog iad mo leithidean[2]
Bha càch air mo thrèigsinn
'S chan èist iad rim chàil
Tha 'm port air mo reubadh
'S gun guth air reapàireadh[3]
Tha an teas anns a' ghrèin
Gam lèireadh gu làr.

Ach 's tric rinn mi seòladh
Le "sigear" is "fòrsail"[4]
Aig maraichean eòlach
Mar Dòmhnall[5] 's Am Bàrd
Aig an cluinninn na h-òrain
An àm dhuinn a lòradh[6]
'S ar linn chur gu dòigheil
A chòmhnaidh san t- sàl.[7]

'S nuair thilleadh iad an uair sin
Dheideadh tì chur mun cuairt ann
Agus fear air mo ghualainn
Coimhead dualadh an t-sàil[8]
Is mise gu guanach[9]
Gan cumail an uachdar
Le planca cho cruaidh[10]
'S a th' aig Suaineach go làmh.

Nuair thàrramaid[11] sa mhadainn
'S a bhithinn làn sgadain
An deic agus brag aig'
Fo chasan A' Bhàird
E leum chon nan anart[12]
Chur seòl ris "A' Mhagaidh"[13]
'S an siota[14] a bh' aig Calum
Ga sparradh an sàs.

O 's mì a bhiodh sùnndach
Nuair dheidhinn air chùrsa
Le Dòmhnall[15] gam stiùireadh
'S mi dlùthachadh chàich[16]
Bhiodh Alasdair[17] diombach
Mur dèanainn a' chùis orr'
'S gun aithnicheadh gach ciùrair[18]
Mo shunnd tighinn dhan àit."

1. *Fo sheòl*: Under sail, i.e. a sailing boat.

2. *Mo leithidean*: Of my type or up to my standard. The song opens with the "Maggie Stewart" complaining about her own state of repair.

3. *Reapàireadh*: Gaelicized form of "repairing".

4. *Le "sigear" is "fòrsail"*: With jigger (a light lifting tackle used on ships) and foresail (the aftermost sail of a fore-and-aft rigged vessel or the lowest sail set on the foremast of a square-rigged vessel).

5. Dòmhnall: Dòmhnall Chalum, Donald Morrison, fisherman and crew member, originally from Scalpay;

6. *A lòradh*: Gaelic form of "to lower", i.e. the sails

7. *A chòmhnaidh san t-sàl*: To be set in the brine (sea).

8. *Coimhead dualadh an t-sàil*: Watching the sea being churned up by the forceful movement of the boat cutting through it.

9. *Guanach*: Giddy/unsteady/fickle/active or light.

10. Le planca cho cruaidh: With a plank so hard, i.e. the planking of the boat was good material.

11. *Nuair thàrramaid*: When we would pull/draw the nets. 'Tàrr' appears in the sense of pull or draw in Dàin Iain Ghobha, the works of the poet from Harris who composed a substantial amount of spiritual verse along with other material.

12. *Nan anart*: The sails.

13. *"A' Mhagaidh"*: The fishing boat "Maggie Stewart", subject of this poem.

14. *Siot(a)*: Gaelic version of sheet.

15. *Dòmhnall*: Ibid.

16. *Dlùthachadh chàich*: Catching up with the rest. Sometimes fishmemen would race their boats to get into the harbour first with their catch.

17. *Alasdair*: Alasdair Ean(Iain) Mhòir, Alexander Morrison, crofter/fisherman from Cluer.

18. *Ciùrair*: Curer - of fish in this case. The poet is inferring that the curers at the various harbours would have known the "Maggie Stewart" because of its lively appearance as it came in, therefore allowing the boat an element of self-praise.

27. Chaidh mi Ghreòsabhagh le Smùid

Seo duanag bheag aotrom a rinn e an dèidh dha smùid a ghabhail ann an taigh-seinnse An Tairbeart. Feumaidh gun robh latha agus feasgar math aige, gun dragh sam bith air gun robh aige ri aghaidh a chur ri coiseachd gu Cliuthar, rud a bha aig daoine ri dhèanamh aig an àm; a' mhòr-chuid gun làn am broinne de dheoch-làidir aca. Co-dhiù, chì sinn nach do ràinig Alasdair a cheann-uidhe air an aon latha agus gun do chuir e seachad an oidhche ann am bàthaich Nèill Ruaidh[1] ann an Greòsabhagh. Chan eil air fhàgail ach criomag dhen duanaig agus tha fios agam gun robh i gu math fada oir 's iomadh uair a chuala mi i air a seinn mar òran luaidh. Le a bhith a' ràdh seo tha mi a' toirt aire air gun robh boireannaich a' cur ri òrain luaidh co-dhiù ach bha am fear seo fada dha-rìribh.

Chaidh mi Ghreòsabhagh le Smùid

An cuala sibh mar thachair dhòmhsa
Chaidh mi Ghreòsabhagh le smùid
O mo leannan hè mo leannan.

Dh'èirich am baile dham iarraidh
'S iomadh deur a' ruith o shùil
O mo leannan hè mo leannan.

Fhuair iad mo sgarfa anns a' mhòintich
Chaill iad an dòchas dham thù[2]
O mo leannan hè mo leannan.

Am bàthaich Nèill Ruaidh[3] nam chadal
Bò is gamhainn air mo chùl
O mo leannan hè mo leannan.

Mhothaich bean Aonghais Bhàin mi[3]
Cùl na pàirce ghabh mi nùll. (- Cùl a' ghàrraidh)
O mo leannan hè mo leannan.

NOTAICHEAN AGUS FACLAIR:

1. *Niall Ruadh*: Niall MacDonald, crofter and owner of a small shop at 3 Grosebay.

2. *Thù*: This is the Harris dialectal form of "thaobh", sometimes used deliberately to suit rhythm and phonetics.

3. *Bean Aonghais Bhàin*: Mrs MacLennan who lived near to the poet's house in Cluer and chanced to see him making his surreptitious way home as he returned from his spree, an occurrence which would have raised or even lowered eyebrows.

28. Òran an Uain

Seo òran snasail, èibhinn a rinn e mu dheidhinn uan fireann a thog e air a' bhotal ach b' fheudar dha a' chur a-mach chon na mòintich air sgàth ionaltraidh aig an àm a bhitheadh na croitearan a' cur nan ainmhidhean far an talamh-àitich fhad 's a bhiodh am bàrr a' fàs. Co-dhiù, nach ann a thill an t-uan dhachaigh agus bha e na laighe aig ceann an taighe aon mhadainn an uair a dhèirich Am Bàrd. Tha e a' toirt dhuinn na stòiridh mar gum bitheadh an t-uan a' bruidhinn ris. Tha an t-seann rùda a' faicinn gum bheil am fear òg a' dol a ghabhail thairis an àite aigesan agus chan eil e toilichte. Tha a' chiad dà loidhne anns an òran a' toiseachadh le nòsarachd a bha cudromach dha fhèin a thaobh 's mar a bha e cho cùramach mu ciamar a bha a dhreach a' coimhead. Mar a bha an sgall aige a' leudachadh bha sin a' cur iomagain air, ach tha an t-uan a' toirt dòchas dha le nach eil e a' faicinn gu bheil atharrachadh sam bith ann. Mar a tha Alasdair ga chur, chan eil an t-uan ach òg fhathast agus tha e tuilleadh fàs aige ri dhèanamh mus faigh e gu *"Show An Tairbeairt"*; far am bi e fada air thoiseach air càch an uair a thig an t-àm agus gum buannaich e na bheachd fhèin. Co-dhiù, tha Alasdair ga chur ann am briathran nas follaisiche:

Òran an Uain

"O fàilte ort fhèin a nàbaidh
Tha 'n sgall mar b' àbhaist Alasdair
Fhuair mi greis dem àrach
A-staigh am blàths an taighe agad
Ged rugadh car beag tràth mi
'S mi dìolain aig mo mhàthair
'S i Raoinid[1]shaor on bhàs mi
Gus tàinig blàths an earraich oirnn."

Ach sen nuair thuirt an rùda
'S e tionndadh ann an caise[2]rium:
"Ged tha mo cheann air liathadh
'S mo chiabhagan air tanachadh[3]
'S gun agam ach a' bhliadhna
Chon an tèid an sgian orm
Bhon thàinig am fear brèagha
Cha b' fhiach mi airson reitheachd[4] leat.

'S tha rùda brèagha aig Ruairidh[5]
Ma bhuaileas e thu gearrar thu
Tha siud na adhbhar thàmailt
Is tric aig cach mar ealain e
Ach na leig thusa nì ort
Gon tòisich àm a' bhìdidh[6]
Am fear as bòidhche a chì mi
Gun cuir mi crìb na caillich air.
(- cìob na caillich air)

165

Ach 's math tha fhios aig Dòmhnall
Gu dè an seòrsa a th' annamsa
Nuair dheidheadh e dhan a' mhònaidh
Gum biodh mo spòg is dealt oirre
Mi fodha go mo thòine (- Go = Gu)
Mo chochall[7] is e reòthta
'S a h-uile bhlais nan òige
A dh'fhàg gu beò cho fada mi."

"Tha 'Show' aca air an Tairbeart
Gum falbh sinn ann an ath bhliadhna
'S ma bheir thu m' leòr do fheur dhomh
Gur brèagha a' dol tron bhaile mi
Nuair thig an adhairc dòigheil
Cur car os cionn mo shròine
Cha toir mi cùl mo thòine
Don fhear as bòidhche a th' aca dhiubh."

NOTAICHEAN AGUS FACLAIR:

1. *Raoinid*: Rachel MacLeod (A' Bhìodag) the poet's grandniece, who certainly would have been involved in the feeding and caring of the pet lamb.
2. *Caise*: State of annoyance.
3. *Tanachadh*: Thinning.
4. *Reitheachd*: Rutting of sheep. The older ram realizes that his services are no longer needed.
5. *Ruairidh*: Ruairidh Eòghainn, Roderick MacDonald, crofter, who lived next-door to the poet and was a prominent figure in supplying information regarding his life and poetry.
6. *Àm a' bhìdidh*: The rutting time of sheep.
7. *Cochall*: Scrotum.

29. Sgaradh anns an Eaglais

Seo Am Bàrd a' toirt dhuinn a bharail fhèin air sgaradh a thachair anns An Eaglais Shaor a dh'adhbhraich gun do dh'fhag cuid dhen choitheanal an eaglais. Bha seo timcheall air a' bhliadhna 1893. Thachair an aon rud ann an Eaglais na h-Alba an dèidh sin. Chan eil e a' tarraing air ais on a bhith gu math làidir na bhreithneachadh air a' chùis agus tha e a' faicinn mar a tha iad a' dèiligeadh ris mì-iomchaidh.

Sgaradh anns an Eaglais

'S o na brasairean breugach[1]
A thogas dìomhanach fiù[2]
A' riobadh Bìobla Chrìosda[3]
'S a' cur sìos air A chliù
Àrd-sgoilearan Dhùn Èideann
A thogas gèill le mì-rùn
'S iad a' cur "spot" air An Àrd-righ[4]
Gus dhol an-àird os A chionn.

'S bhon a chreid sinn An Crìosdaidh
A bha mar a' ghrian anns na neòil
Sgrìobh sinn oilein[5] air pàipear
Gun robh a' bhreug san Taigh Mhòr[6]
'S ged a bha iad car dubhach
Cuid le cumantas bròin

Gun d' rinn cuid aca tilleadh
A bha nam fithich fon chleòc.[7]

Thèid na lochdan a dhùnadh
'S gheibhte brùideadh den taic[8]
Cha toir airgead no òr iad
Gu talamh tròcair air ais[9]
Rinn am Bìoball an fhianais
Gur e Dia a tha ceart
'S cha tig pàipearan breugach
Bhon na diabhail a-mach.

NOTAICHEAN AGUS FACLAIR:

1. *Braisearan breugach*: The rash deceitful sycophants.
2. *A thogas dìomhanach fiù*: Who will raise vain/frivolous knowledge.
3. *A' riobadh Bìobla Chrìosda*: Ripping apart/destroying Christ's Bible.
4. *'S a' cur "spot" air An Àrd-righ*: Putting a blemish on the Supreme King (God).
5. *An Taigh-mòr*: The Mansion House – residence of the chief dignitary or this reference may indeed be to the Church Assembly Headquarters.
6. *Oilein*: Educational information.
7. *A bha nam fithich fon chleòc*: Who were ravens/vultures preying greedily and ruthlessly on others under the cloak, i.e. secretly.
8. *'S gheibhte brùideadh den taic*: A stirring up of the support will be forthcoming.
9. *Gu talamh tròcair air ais*: To a place where they will be received with compassion.

30. Rann do Raoinid (A' Bhìodag)

B' i Raoinid nighean peathar a' Bhàird agus chaidh a thogail ann an dlùth chàirdeas ris bhon a rugadh i. Bha meas mòr aig Alasdair oirre agus seo rann beag laghach a bhitheadh e a' gabhail dhith an uair a bha i na pàiste òg. Feumaidh e bhith gun robh e den beachd gun robh a phiuthar ro chruaidh air Raoinid ach tha mi cinnteach nach robh sin ceart idir. Bhitheadh e air taobh Raoinid co-dhiù, agus nach ann mar sin a bhitheadh gach brathair seanmhar eile, fhad 's nach biodh cùisean dona uile gu lèir.

Rann do Raoinid (A' Bhìodag)

A Bhìodag bheag laghach
Air bheil aghaidh gun ghruaim
Ged tha thu aig do mhàthair
Air do chàradh gu truagh
Ann an toll san t-sèithear
'S tu ag èibheach le fuachd
'S cha bhiodh guth air do dhòighsa
Nan deidheadh An Clò Mòr a chur suas.

Eàrr - ràdh

~

Seo sgrìobag a fhuair mi bho Ruairidh MacFhionghain nach maireann
o chionn iomadh bliadhna air ais, an uair a thòisich mi a' dèanamh
an rannsachaidh seo air bàrdachd Bàrd Chliuthair, agus na cois chuir
e thugam am pìos sgrìobhaidh a rinn e mu dheidhinn an latha a chuir
e seachad a' dol *"bho uaigh gu uaigh ann an cladh Losgaintir"* mar a
dh'ainmich e fhèin e. Mhothaich e a' chlach-chinn air uaigh a' bhàird
agus mar a chì sinn thug sen air smaoineachadh mar nach do smaoin-
ich e riamh roimhe mu dheidhinn na bàrdachd aige. Bha mi air innse
do Ruairidh gun robh mi a' feuchainn ri fiosrachadh a chruinneachadh
mu dheidhinn beatha agus bàrdachd a' bhàird agus gum bithinn fada
na chomain nam b' urrainn dha cuideachadh leis an eòlas a bh'aige
fhèin. Thuirt Ruairidh còir rium dèanamh ri na chuir e thugam mar
a thograinn agus tha e math dha-rìribh beachd eile fhaighinn air a'
chùis co-dhiù. B' e Ruairidh mac Aonghais Mhòir (Angus MacKinnon)
aig an robh òifis a' phuist ann an Caolas Stocainis, nach eil ach bìdeag
bheag air falbh bho Chliuthar. Mar a tha e fhèin ag aithris, chì sinn
gu robh eòlas glè mhath aige air a' Bhàrd. Choinnich mi ri Ruairidh
aon latha ann an Inbhir Nis dìreach an dèidh dha a dhreuchd fhàgail
agus bha e ag innse dhomh gun do chuir e seachad dà fhichead
bliadhna 's a dhà na mhaighstir-sgoile. An rud a bha cho mìorbhaileach
dhòmhsa mu dheidhinn seo is e nach do chaill e aon latha obrach

riamh na bheatha. Nach math a rinn e?

Seo pìosan air an taghadh às an sgrìobhadh a fhuair mi bho Ruairidh a tha a' toirt iomradh air A' Bhàrd. Ged a tha Ruairidh còir a' ràdh nach eil 'accents' aige anns an sgrìobhadh cha b' e choire fhèin a bha sin. Cha robh innleadairean coimpiutaireachd co-dhiù air an t-adhartas a dhèanamh a tha againn anns an latha an-diugh agus cha ghabhadh stràcan a dhèanamh le cuid de na h-innealan.

Ruairidh MacFhionghain
An Taigh-sgoile
A' Mhanachainn

A Lachaidh,

Tha seo dìreach mar a sgeith an coimpiutair a-mach na duilleagan. Chan eil 'accents' ann – tha fhios agad fhèin far am bu chòir dhaibh a bhi. Cha do rinn mise rannsachadh sam bith ach dìreach mar a bha mo chuimhne gam tharraing gu na bha mi cluinntinn an siud san seo on bha mi nam bhalach.

Leis gach dùrachd

Ruairidh

Ann a bhi a' dol bho uaigh gu uaigh thug mo chuimhne air ais mi gu làithean a bha nis fada seachad. Bha uaighean mo chàirdean fhèin furasda gu leòr an lorg. An siud san seo thiginn tarsainn air uaighean sheann dhaoine a b' aithne dhomh nam bhalach. An taobh thall dhìom, ann am meadhan a' chladha, mhothaich mi do chlach-cuimhne àrd, bhrèagha dhubh-aghaidheach le mòran sgrìobhaidh ann an litrichean òr-bhuidh'. Cò bha seo? Fhreagair an sgrìobhadh a' cheist: "BÀRD CHLIUTHAIR". Co a bh' ann am bàrd chliuthair? Alasdair MacFhearghais neo Alasdair 'ic Iain 'ic Alasdair.

Thill mo chuimhne gu aithghearr thairis air leth-cheud bliadhna gu bhi faicinn ìomhaigh an duine seo a bha nam bheachd-sa aig an àm sin na dhuine ro-shean ged nach urrainn gun robh e barrachd air trì fichead bliadhna. Thug mo chuimhne air ais mi gu latha brèagha samhraidh far am faca mi e na shuidhe còmhla ri seann bhodaich eile air cnocan beag os cionn acarsaid an Sgroit. Tha cuimhne agam gun tug mi fainear gun robh aon de chorragan a làimhe deise a dhìth air agus gun robh mar gum biodh X air a ghràbhaladh air bàrr a' chraicinn. Aig an aon àm thug mi fainear gun robh aon de shùilean gu ro-dhearg agus ruithteach. Bliadhnaichean na dhèidh sin, aig àm an dàrna cogaidh, nuair a bhithinn a' postaireachd aig àm làithean-saora bhon àrd-sgoil, tha cuimhne agam air na shuidhe ri taobh an teine ann an taigh nighean a pheathar (A' Bhìodhag) far an do chrìochnaich e a bheatha.

Ged a bha fios agam, eadhon nam bhalach, gum biodh am bàrd a' dèanamh òrain agus ged a bha mi gan cluinntinn air an seinn aig bainnsean cha do shaoil mi riamh gun robh luach neo airidheachd mhòr sam bith na bhàrdachd gus an latha ud a sheas mi aig ceann na h-uaghach aige far an do leugh mi am marbhrann a dh'fhàg e sgrìobhte fo chluasag a leapaidh-bàis agus a tha nis foillsichte do neach-turais sam bith a thachras tadhal air Cladh Losgaintir.

Thàinig teaghlach athar a' bhàird air tùs bho Eilean Hiort agus a rèir choltais bha a sheanair a' còmhnachadh, airson greis co-dhiù, faisg air Horgabost air taobh siar Na Hearadh oir tha am bàrd fhèin, ann an aon de rannan ag ràdh: *"Far an robh mo sheanair òg, air an Iodhlainn Mhòr a' tàmh."* Faodaidh e bhith gun deachaidh e a dh'eilean Phabaigh airson greis eile gus mu dheireadh gun do ghabh Alasdair, seanair a' bhàird, a bha pòsda aig Mòrag Ros, pìos de fhearann ann an Strùparsaig. Chaochail Alasdair anns a' bhliadhna 1850 agus Mòrag ann an 1856. Bha dithis mhac aca – Iain agus Dòmhnall Mòr – agus ghabh iadsan le chèile sealbh air an fhearann 6 Cliuthar uaireigin mu dheireadh na 1850s.

Bha Bàrd Chliuthair a' sealltainn bho òige gun robh gnè na bàrdachd na thàlant aige. Ghabh e anns an arm nuair a bha e na dhuine òg agus bha e anns an rèiseamaid a chaidh a chur a-null a dh'Afraga gus na Boers a cheannsachadh. Bhitheadh e coltach gu leòr gun do chuir uamhas a' chogaidh sin eagal agus geilt air agus aig an aon àm gun do bhrosnaich e e gu am barrachd bàrdachd. Ann an *'Òran Cogadh Afraga'* tha e a' toirt dealbh air casgradh gach blàir.

Thill e dhachaigh às a chogadh sin agus bha e ri croitearachd agus ag iasgach. Cha deachaidh a thogail don arm aig àm a' Chiad Chogaidh Mhòir. Mar sin chunnaic e an dà chogadh mhòr a' tòiseachadh 's a' crìochnachadh agus tha e ri chreidsinn gun robh a smuaintean fhèin gu tric a dol a-mach gu raointean na Frainge aig na h-amannan sin.

Leughadh agus sgrìobhadh am bàrd gu h-ealanta ann am Beurla san Gàidhlig. Bha e fiosrach ann an eachdraidh agus cruinn-eòlas agus cha robh earrainn den Bhìoball nach robh aige air a theangaidh.

Aig amannan thionndaidheadh e earrainnean gu rannan agus chuireadh e iad an uair sin gu fonn.

Rinn Alasdair Iain mòran bàrdachd a thaobh thachraidhean ionadail ach cha deach mòran dhiubh a sgrìobhadh sìos agus mar sin tha a' chuid mhòr dhiubh a-nis air chall. Tha òrain mar tha 'Pile a Ghlupaid' agus 'Dupadh MhicDhùghaill' nan rannan èibhinn ach bha a' chuid mhòr de bhàrdachd cudthromach, cianail agus gu ìre tiamhaidh. Chuir e ri chèile rannan a tha feallsanach, domhainn agus tuigseach, chan ann a thaobh staid duine eile ach a thaobh a staid fhèin mar neach a ruith rèis bho òige agus a bha a nis aig deireadh na slighe. Anns na bliadhnaichean mu dheireadh de bheatha tha earrainnean air an cur ri chèile a tha a' sealltainn gun robh e a' dol air thoiseach air fhèin a-null don t-sìorraidheachd.

Smaoinichidh neach gun robh am bàrd air mòr-leughadh a dhèanamh air obair Dhùghaill Bhocanain, air obair Phàdraig Ghrannd is air obair Iain Ghobha oir tha a smuaintean a' ruith gu dlùth ann an uisge-stiùireach nam bàrd sin. Fhuaradh a mabhrann a tha air clachuaigh a' bhàird fon chluasaig aige agus mur a bheil an rann seo a' sealltainn a dhòchais fhèin na bhàs tha e gu deimhinn a' toirt comhairle agus a' cur ìmpidh air gach neach a leughas iad a theiceadh le cabhaig chun an dìdean a th' ann an Crìosda; as eugmhais nach bi anns an neach a ghabhas seachad ach *"an neach as truaighe tha fon ghrèin"*.

Ann a bhi coimeasach bàrdachd Bàrd Chliuthair ri bardachd ùghdaran eile feumar a' ràdh gu bheil mòran de obair feallsanach, domhainn, mùirneach agus dàimheil agus aig amannan èibhinn. Feumar am bàrd fhoillseachadh mar dhuine a bha a' fuireach gu mòr na smuaintean fhèin agus a rèir choltais agus aithris cha robh e riamh a' stòladh a bheachdan air daoine eile. Co-dhiù, eu-coltach ris an latha an-diugh, bha beachdan air creideamh, air beatha, bàs agus siorruidheachd co-ionann ann am measg an t-sluaigh ach bha na cùisean sin a ghnàth air aire an t-sluaigh.

Cha robh am bàrd a' frithealadh eaglais idir, ach airson sin chan urrainn neach a' ràdh nach robh e cho creidmheach ris a' mhòr-chuid oir tha a bhàrdachd a' sealltainn gu robh aire iomadh uair ga thoirt thairis air crìochan tìm. Chan eil teagamh nach fhàs còinneach air clach-uaigh a' bhàird agus air an sgrìobhadh a tha oirre mar a thèid an ùine seachad agus nach bi mòran cuimhne air fhèin na air a bhàrdachd mar a bhios e don a h-uile neach.

Seo làrach tobhta an taighe anns an robh Am Bàrd a' fuireach airson ùine mus do ghluais e air ais ann an 1942 comhla ri chàirdean an ath dhoras anns an taigh-gheal. B' iadson teaghlach Iain Bhig a' Mhoil Bhàin - athair Raoinid (a' Bhìodag - a tha fhathast ann)

Os cionn na h-arcarsaid aig croit 6 Cliuthar, aig a' bhonn tha an taigh-geal a chaidh a leasachadh bho taigh-tughaidh far an do rugadh Am Bàrd ann an 1869.

Eachdraidh Beatha
LACHLAINN MACAMHLAIDH

RUGADH Lachlainn MacAmhlaidh ann an Inbhir Lòchaidh, An Gearasdan, ach 's ann à Greòsabhagh, Na Hearadh, a bha a phàrantan. Chaidh iad air ais leis a Ghreòs-abhagh an uair a bha e fhathast na naoidhean. Chaidh e do bhun-sgoiltean ann an Greòsabhagh, Caolas Stocainis agus Àrd-sgoil an Tairbeairt mus do chrìochnaich e a sgoilearachd ann an Acadamaidh Rìoghail Inbhir Nis, far an robh e a' fuireach ann an Ostail Pàirc an Druiminn airson trì bliadhna. Chaidh e dìreach às a sen a dhèanamh Seirbheis Nàiseanta anns Na Camshronaich (Queen's Own Cameron Highlanders) airson dà bhliadhna. An latha an dèidh dha an t-arm fhàgail chaidh e air Poileas Siorrachd Inbhir Nis far an do fhuirich e naoi bliadhna. Ghluais e an uair sin gu innleadaireachd agus obraichean eile ceangailte ris a sin ann an Glaschu agus àiteachan eile airson iomadh bliadhna. Thug e còig bliadhna aig obair na h-ola mus deachaidh e air ais gu sgoilearachd aig Oil-thigh Obar Dheathain airson ceithir bliadhna far an tug e a-mach ceum ann an Oideachas Gàidhlig (M.A. Honours Degree in Gaelic Studies).

Tha ùidh air a bhith aig Lachlainn ann am brosnachadh na Gàidhlig fad a bheatha agus chuir e seachad greiseagan aig Sabhal Mòr Ostaig agus aig Colaiste Obar Dheathain a' cuideachadh le teagasg a' chànain. Bhon a leig e dheth a dhreuchd tha e air a bhith a' cuideachadh feadhainn a tha ag ionnsachadh Gàidhlig, rud a tha e air a bhith a' dèanamh co-dhiù thar còrr is deich bliadhna fichead ann an Inbhir Narann far a bheil e a' fuireach. Bha e riamh dèidheil air bàrdachd Ghàidhlig, gu h-àraidh a' bhàrdachd traidiseanta bhon naodhamh agus an fhicheadamh linn. Tha ùidh mhòr aige cuideachd ann an eachdraidh, cuspair air a bheil e a' dèanamh leughadh farsaing.